DR. ANDREAS WACKER | SABINE WACKER

Hausapotheke für die Seele

7 Ein Wort zuvor

8 Wie geht es Ihrer Seele?

10 Wenn die Seele um Hilfe bittet

10 Signale der Seele
12 Wann und auf was reagieren Sie?

13 Gesundheit – eine Frage der inneren Einstellung?

14 Glaubenssätzen auf der Spur
15 Alte Muster umwandeln

16 Das Wesen der Seele

18 Wie äußert sich die Seele?
19 Der Seele wieder zuhören
23 Der Seele vertrauen
25 Die Seele nähren

27 Der Seelen-Check

27 Schritt für Schritt zum Seelen-Check
34 Welche Perspektiven sehen Sie?
34 Offen für Veränderung?
36 Wann brauchen Sie professionelle Hilfe für Ihre Seele?

38 So halten Sie Ihre Seele bei Laune

40 Gesundheit wird in jeder Minute neu erzeugt

41 Sonne und Bewegung erheitern die Seele

41 Nutzen Sie die positive Kraft von Sonne und Natur
42 Bewegen Sie sich?

43 Yoga für eine ausgeglichene Stimmung

44 Yoga-Übungen für die Seele

58 Meditation hält die Seele in Balance

58 Die Wirkung von Meditation

60 Die richtige Ernährung für die Seele

60 Für Entspannung und gesunden Schlaf

61 Nicht nur das Was, auch das Wie zählt

62 Was tun bei Seelenblues?

62 Cocooning – Sprechstunde für die Seele

64 Heilmittel für die Seele

66 Heilpflanzen für die Seele

66 Zarte Pflanzen – starke Wirkung
67 Die Kraft der Pflanzeninhaltsstoffe
68 Tropfen oder Kräutertee
70 Die Aromatherapie
73 Symptome und Beschwerden

90 Homöopathie für die Seele

91 Die drei Säulen der Homöopathie
96 Einnahme und Dosierung
96 Wie finden Sie die passende Arznei?
97 Die homöopathische Erstreaktion
97 Die Konstitutionsbehandlung
98 Symptome und Beschwerden

122 Schüßler-Salze – Mineralstoffe für die Seele
123 Die Wirkweise der Schüßler-Salze
123 Wie kommt es zu Störungen im Mineralstoffwechsel?
124 Warum Schüßler-Salze potenziert sind
125 Die Anwendung der Schüßler-Salze
126 Wie werden Schüßler-Salze eingenommen?
126 Die Schüßler-Salze und Ergänzungsmittel
128 Symptome und Beschwerden

147 Bach-Blüten für die Seele
148 Aufruf zur Selbstheilung
148 Die Entwicklung der Bach-Blütentherapie
149 Bach-Blüten – Herstellung und Wirkung
151 Welche Bach-Blüten gibt es?
154 Anwendung und Dosierung der Bach-Blüten
155 So finden Sie Ihre Blütenessenz
157 Symptome und Beschwerden

182 Zum Nachschlagen
182 Quickfinder für Symptome/Beschwerden und die passenden Heilmittel
188 Sachregister
191 Bücher und Adressen, die weiterhelfen
192 Impressum

Ein Wort zuvor

Eine Hausapotheke ist eine praktische Sache: Ob Kopfschmerzen, Bauchweh oder Erkältungen – für all diese kleineren Leiden stehen Ihnen Tabletten und Pillen, vielleicht auch ausgesuchte Heilkräuter und homöopathische Mittel zur Verfügung. Wie viele andere Menschen nutzen sicher auch Sie eine solche Hausapotheke, die Ihnen bei vielen kleinen körperlichen Blessuren hilft.
Doch was tun Sie, wenn Sie gar nicht körperlich krank sind, aber trotzdem spüren, dass irgendetwas nicht in Ordnung ist? Worauf greifen Sie zurück, wenn Ihre Seele aus der Balance geraten ist? Was kann Ihnen helfen, Ihre Seele selbst wieder ins Gleichgewicht zu bringen?
Diese Fragen beantworten die Heilpraktikerin Sabine Wacker und der homöopathische Arzt Dr. Andreas Wacker in diesem Buch. Zunächst einmal machen sie Sie mit dem Wesen und der Sprache der Seele vertraut und zeigen, wie Sie mit dem eigenen Inneren in Kontakt kommen und seine Botschaften verstehen lernen. So sensibilisiert ist es schon viel einfacher, die Seele bei Laune zu halten: Unterstützung geben dabei Bewegung in der Natur, Sport und eine gesunde Ernährung. Auch einfache seelische Übungen reichen oft schon aus, um mit dem eigenen Selbst wieder in Einklang zu kommen.
Und die Autoren geben weitere konkrete Vorschläge zum Umgang mit der eigenen Seele und zur Selbstbehandlung im Rahmen der Komplementärmedizin: Sie empfehlen verschiedene Heilmethoden, die sich in der Praxis besonders gut und vor allem nebenwirkungsfrei bewährt haben. Dazu gehören die Behandlung mit Heilpflanzen, die Homöopathie sowie Schüßler-Salze und Bach-Blüten. Jede der Methoden und ihre Anwendung wird ausführlich vorgestellt. Das alles wird anwendungsbezogen dargestellt unter Verzicht auf theoretische Erörterungen, und man fühlt sich zur weiter gehenden Beschäftigung angeregt.
Ein Symptome- und Beschwerdenteil am Ende des Buches hilft Ihnen, schnell das Mittel der Wahl zu finden – im großen Fundus der »Hausapotheke für die Seele«.

Dr. Karl-Martin Dietz

Friedrich von Hardenberg Institut für Kulturwissenschaften, Heidelberg

WIE GEHT ES IHRER SEELE?

Leidet die Seele, helfen weder Pflaster noch Salbe. Es braucht anderes, um die verstimmte Psyche wieder ins Gleichgewicht zu bringen. Damit Sie auf die Bedürfnisse Ihrer Seele eingehen können, müssen Sie sie erst einmal kennen und ihre Sprache verstehen lernen. Nur dann nehmen Sie die Signale Ihrer Seele wahr und können ihr und sich selbst helfen.

Wenn die Seele um Hilfe bittet

Anders als körperliche Leiden sind seelische Beschwerden meist nicht klar zu benennen und zu behandeln. Die Ursache für eine Verstimmung der Seele kann weit zurückreichen. Ihre erfolgreiche Behandlung erfordert daher die Erfassung des ganzen Menschen und seiner Lebensführung.

Ist jemand krank, konzentrieren sich die Ärzte oft vornehmlich auf seinen körperlichen Zustand und versuchen, die Krankheit zu bekämpfen. Viele Krankheiten deuten sich jedoch oft lange vorher durch ein seelisches Ungleichgewicht an, das von dem betroffenen Patienten übergangen oder ignoriert wurde. Unsere schnelllebige Zeit erlaubt es den Menschen kaum noch, sich auf ihr seelisches Befinden zu besinnen. Deshalb fällt es vielen schwer, die Stimme ihrer Seele erst einmal wahr- und dann auch ernst zu nehmen. In dieser Hausapotheke für die Seele wollen wir Ihnen daher nicht nur verschiedene Mittel aus der Heilpflanzenkunde und Aromatherapie, der Homöopathie, der Behandlung mit Schüßler-Salzen und der Bach-Blütentherapie vorstellen. Wir möchten auch Ihre Achtsamkeit für Ihre Seele wecken und Sie dazu anregen, sich aktiv mit ihr auseinander zu setzen, ihr Gehör zu schenken und ihre Wünsche und Anregungen im Alltag stärker zu berücksichtigen.

Signale der Seele

Woran merken Sie, dass es Ihrer Seele nicht gut geht? Meist ist das ganz einfach: daran, dass Sie sich nicht wohl fühlen in Ihrer Haut. Das mag Ihnen banal vorkommen, aber es stimmt doch, auch wenn man es nicht wahrhaben möchte. Es kann ein ganzes Weilchen dauern, bis Sie bemerken, dass Ihre Seele leidet. Dieses Weilchen bemisst sich manchmal in Jahren.

Der Körper als Ausdrucksmedium der Seele

Am einfachsten nehmen wir unsere seelische Befindlichkeit über unseren Körper wahr. Letztlich wurzelt jede körperliche Erkrankung, jede kör-

perliche Störung, jedes körperliche Symptom im Seelischen. Körperliche Beschwerden bemerken wir unmittelbar, da unser Körper dann – zumindest teilweise – nicht mehr so funktioniert, wie er soll. Was Gesundheit ist, können wir am besten ermessen, wenn wir krank sind, wenn uns etwas »fehlt«. Wenn alles in Ordnung ist, fühlen wir uns wohl, Gesundheit ist dann selbstverständlich.
Hängt die Seele durch, ohne dass der Körper leidet, so ist die Situation oft schwieriger zu erkennen. Warum? Wir alle wissen, dass wir Menschen dazu neigen, Unangenehmes zu verdrängen. Wenn irgendwo in unserer Seele ein Missklang, eine Disharmonie, eine Verstimmung entsteht, so kann es durchaus sein, dass wir es längere Zeit nicht bemerken. Allerdings wird sich eine seelische Dissonanz früher oder später auf unser Verhalten auswirken. Unser Partner, unsere Kinder oder die Kollegen fragen irgendwann: »Mensch, was ist eigentlich mit dir los? Du bist in letzter Zeit so gereizt!« Oder aber: »Du bist gar nicht wirklich da, abwesend, zerstreut, kommst auch gar nicht richtig in die Gänge. Fehlt dir irgendwas?« Spätestens dann sollten Sie beginnen, sich Gedanken zu machen und Ihre Lebensumstände näher betrachten, bevor die Dissonanz auch Ihren Körper zunehmend erfasst. Allerdings: Wenn Sie ehrlich sind, ist doch auch mit Ihrem Körper in letzter Zeit bereits etwas passiert, oder? Sie besitzen weniger Energie, sind morgens nicht ausgeruht, haben an Gewicht ab- oder zugenommen und leiden seit neuestem häufiger unter Schmerzen, Juckreiz, Ausschlägen, Verdauungsstörungen, Schlafstörungen oder Ähnlichem.
Körper und Seele hängen untrennbar miteinander zusammen: Eine Störung auf der körperlichen Ebene geht immer mit einer Störung auf der seelischen Ebene einher oder umgekehrt.

Körperliches und seelisches Wohl sind eins.

Wann und auf was reagieren Sie?

Wenn Sie die beschriebenen Symptome an sich bemerken, stellt sich die Frage, wann Sie beginnen zu handeln. Wann sagen Sie sich: »Jetzt will ich etwas ändern?« Welches Symptom – psychisch oder körperlich – wollen Sie nicht mehr aushalten?

Die Schwelle, wann ein Mensch seine Passivität aufgibt und sich Hilfe sucht, ist individuell unterschiedlich. Wohl wissend, dass körperliche und seelische Störungen immer miteinander verquickt sind, konzentrieren wir uns in diesem Buch vornehmlich auf die seelischen und psychischen Auswirkungen einer inneren Disharmonie. Seelische Verstimmungen drücken sich meist in vegetativen Störungen aus. Vegetative Funktionen unterliegen nicht direkt unserem Willen, sie sind daher nicht bewusst steuerbar. Zu ihnen zählen: Schlaf, Appetit, Verdauung, Sexualität, Durchblutung. Störungen im seelischen Bereich können sich daher als Schlafstörungen, Essstörungen, Durchfall oder Verstopfung, Harndrang, Libidoverlust, Potenzstörungen, Durchblutungsstörungen oder Herzrhythmusstörungen bemerkbar machen. Somit haben seelische Unstimmigkeiten viele verschiedene Gesichter, sind aber letztlich alle Signale der Seele. Die Seele versucht uns auf diese Weise mitzuteilen, dass sie mit der Art, wie wir gerade leben, ein Problem hat. Je nach Veranlagung reagieren manche Menschen eher mit innerer Unruhe, Vergesslichkeit oder Schlafstörungen, bei anderen schlagen sich die »Notsignale« der Seele als körperliche Beschwerden nieder.

So kann ein stark juckender Hautausschlag Ausdruck eines seelischen Leids sein. Mit einer chronischen Magenschleimhautentzündung wird nicht selten eine lang anhaltende berufliche Stressphase »kommentiert«. Durchfälle können Folge einer Prüfungsangst sein, diffuse Schmerzen ein Warnsignal, dass Ihr Leben gerade nicht im Einklang mit Ihrer Seele verläuft. Sicher ist es wichtig, sich auch körperlich untersuchen zu lassen. Doch wie oft kommen Ärzte zu keiner schlüssigen Diagnose, obwohl der Mensch sich sehr krank fühlt? Jeder Patient, der so etwas erlebt, bildet sich sein Unwohlsein nicht etwa ein, und er sollte sich auch nicht mit einem »Das ist eben psychisch« abspeisen lassen. Es ist die Seele, die leidet, und dafür gibt es in der Schulmedizin noch kein Diagnosegerät. Gesundheit ist immer auch eine Frage der psychischen Verfassung, der Einstellung zum Leben – dazu gibt es eine interessante Untersuchung.

Gesundheit – eine Frage der inneren Einstellung?

Forscher und Wissenschaftler beschäftigen sich hauptsächlich mit der Entstehung von Krankheiten und ihrer Bekämpfung. Aber wissen sie auch, wie Gesundheit vom Menschen erzeugt wird?

Der Medizinsoziologe Aaron Antonovsky (1923-1994) beschäftigte sich mit diesem Thema und prägte den Begriff Salutogenese, was soviel wie »Gesundheitsentstehung« oder »Ursprung von Gesundheit« heißt. In seiner Arbeit stellte er die These auf, dass Gesundheit kein Zustand, sondern ein Prozess ist. Aaron Antonovsky untersuchte die Frage, unter welchen Voraussetzungen jemand krank oder gesund ist. Ihm war aufgefallen, dass manche Menschen gesund sind, obwohl sie früher in ihrem Leben extremen Belastungen ausgesetzt waren. Nachvollzogen hat er dies an Menschen, die in Israel leben und die zur Zeit des Dritten Reiches jahrelang in deutschen Konzentrationslagern gefangen gehalten wurden. Das überraschende Ergebnis: Ein vergleichsweise hoher Anteil dieser Menschen fühlte sich – viele Jahre nach den durchlittenen schrecklichen Ereignissen – gesund und ausgeglichen. Antonovsky untersuchte nun genauer, worin sich die gesund Gebliebenen von den Erkrankten dieser Gruppe unterschieden.
Das Ergebnis – in vereinfachter Form wiedergegeben – lautet: Die gesund Gebliebenen hatten ein Weltbild, das sich durch drei Merkmale auszeichnet:
Die Welt wird von ihnen als

1. verstehbar,
2. handhabbar und
3. als sinnvoll und sinnhaft erlebt.

Hierbei fällt auf, dass es sich um rein subjektive Kriterien handelt. Wirksam ist also im Hinblick auf die Gesundheit, wie der Mensch seine Umgebung **erlebt**. Die innere Haltung, der Blickwinkel ist entscheidend.
Antonovskys Ergebnisse aus dem Jahr 1987 wurden von der soziologischen, psychologischen oder medizinischen Forschung nicht wirklich weitergeführt oder vertieft. Das liegt vermutlich daran, dass die innersten,

subjektiven Sichtweisen des Menschen der »rein wissenschaftlichen« Sichtweise letztlich nicht zugänglich sind.
Was bedeuten die Untersuchungsergebnisse von Aaron Antonovsky? Wenn Gesundheit darauf beruht, wie wir die Welt sehen, so können wir durch eine Änderung unserer Einstellung gesünder werden. Das ist es, worauf es letztlich ankommt, und unsere langjährigen Praxiserfahrungen bestätigen diesen Ansatz. Um die Selbstheilungskräfte zu aktivieren, sind Änderungen der Einstellung und inneren Haltung nötig. Außerdem können wir Selbstheilungsprozesse verstärken und beschleunigen, indem wir sie durch gezielte Heilimpulse unterstützen. Solche Impulse können sein: konstruktive Gespräche, ein Ortswechsel, ein Ratgeberbuch und natürlich alle Methoden, die wir in dieser Hausapotheke für die Seele vorstellen. Wichtige Voraussetzung für die Wirksamkeit von Heilimpulsen ist jedoch die Änderung der inneren Haltung!

Heilimpulse können nur wirken, wenn Sie bereit sind, gleichzeitig Ihre innere Haltung zu verändern. Erst dann greift die Arznei.

Glaubenssätzen auf der Spur

Ein anderes Wort für die innere Haltung ist »Glaubenssatz«. Haben Sie sich schon einmal gefragt, welche Glaubenssätze Sie haben? Sind es solche, die Ihre Seele stärken, oder solche, die sie schwächen? Glaubenssätze geben unsere tiefsten inneren Überzeugungen wieder, die unsere Handlungen – leider sehr unbewusst – bestimmen. Negative Glaubenssätze, die wir oft in der Kindheit antrainiert bekommen, können lauten:
»Ich kann tun und lassen, was ich will, ich erreiche meine Ziele nie.«
»Ich bin Opfer einer verkorksten Kindheit. Deshalb bin ich depressiv.«
»Ich bin einfach kein guter Redner. Das lerne ich nie.«
»Ohne Fleiß kein Preis.«
»Erst die Arbeit, dann das Vergnügen.«
Wir haben auch positive Glaubenssätze mitbekommen, wie etwa: »Neues packe ich einfach an. Es wird schon klappen.«
»Geht nicht gibt's nicht.«
»Alles, was ich mir vornehme, kann ich leicht in die Tat umsetzen.«
Gehen Sie einmal in sich. Wie hören sich Ihre Glaubenssätze an und was bewirken sie? Was sind Ihre tiefen inneren Lebenseinstellungen? Diese Glaubenssätze bestimmen unbewusst all Ihre Handlungen und führen auch dazu, dass Ihre Umwelt entsprechend auf Sie wirkt.

Was wir denken, bestimmt unsere Sicht auf die Welt. Doch festgefahrene Einstellungen lassen sich umwandeln, wodurch eine ganz neue Perspektive entsteht.

Alte Muster umwandeln

Es gibt es eine Möglichkeit, seine innere Haltung zu verändern. Aber es braucht Zeit: Glaubenssätze sind wie eine sich selbst erfüllende Prophezeiung. Sie haben sich wie Tätowierungen eingebrannt und brauchen daher Geduld und behutsames Vorgehen, um sie langsam in positive Glaubenssätze umzuwandeln. Fangen Sie am besten mit ganz kleinen Schritten an. Wenn Sie etwa dazu neigen, immer nur Probleme zu sehen, dann können Sie schnell zu einem Schwarzseher werden. Ändern Sie das, indem Sie sich ein Ritual angewöhnen, bei dem Sie ab sofort jeden Tag mit einer »positiven Inventur« ausklingen lassen: Was war für Sie am heutigen Tag gut? Gehen Sie alle Ereignisse durch, bis Sie ein, zwei, drei oder gar mehr Begebenheiten finden, die für Sie positiv waren. Wenn Sie das täglich machen, werden Sie feststellen, dass sich Ihre Blickrichtung und damit Ihre Haltung ändern. So verwandeln Sie sich nach und nach von einem Pessimisten zum Optimisten. Gehen Sie so mit all Ihren Glaubenssätzen um. Negative Glaubenssätze schwächen die Seele – positive Einstellungen stärken sie und damit Ihre Lebenskraft.

Das Wesen der Seele

Was ist eigentlich die Seele? Und was hat sie mit der Lebenskraft zu tun? Im Lexikon wird Seele als »das allen Lebewesen eigene Prinzip des Lebens« definiert. Wie die persönliche Vorstellung von Seele aussieht, hängt eng zusammen mit der eigenen Weltanschauung.

Psychologen, Philosophen, Religionsführer und Mystiker vertreten sehr unterschiedliche Auffassungen darüber, was die Seele ist. In früheren Kulturen betrachtete man sie als die **Lebenskraft – die schöpferische Kraft** – schlechthin, die den Körper im Moment des Todes wieder verlässt. Man vermutete den Sitz der Seele in bestimmten Organen wie Herz, Leber, Niere oder im Blut. Für Samuel Hahnemann, den Begründer der in dieser Hausapotheke empfohlenen Methode der Homöopathie, war Krankheit Ausdruck einer »verstimmten Lebenskraft«.

Das griechische Wort für Seele ist Psyche. Viele Menschen, vor allem Wissenschaftler, treten heute mit einer sehr materiellen Sichtweise an die Seele heran. Das spiegelt sich in der eher abwertenden Bezeichnung »Seelenklempner« für Psychologen und Psychotherapeuten wider, also Menschen, die sich mit der Seele beschäftigen. Damit wird man der Seele jedoch nicht gerecht.

Hören Sie sich einmal in Ihrem Freundeskreis um, welche Vorstellung von Seele Ihre Freunde haben. Sie werden feststellen, dass es, unabhängig von der Religionszugehörigkeit, viele Übereinstimmungen gibt. So wird die Seele überwiegend mit Begriffen wie körperlos, leicht, hell, durchscheinend, schimmernd, liebevoll, freundlich, offenherzig, leise, beweglich, zart, wissend, besinnlich, kindlich und flexibel in Verbindung gebracht. Kaum jemand würde auf die Idee kommen, laute Rockmusik mit der Seele in Verbindung zu bringen. Leise, beschauliche Musik dagegen schon eher. Um die Seele fassbar zu machen, müssen wir uns mit Umschreibungen begnügen. Die Seele hat letztlich keinen Körper, weshalb sie sich einer genaueren Definition entzieht. Doch zu allen Zeiten und überall auf der Welt versuchte man sie zu erkären.

Im Judentum, Christentum und im Islam ist die Seele die dem Menschen von Gott eingehauchte Wesenheit, die als Körper und Geist seine unver-

Das individuelle Bild der Seele

Wie die Seele aussieht, davon macht sich jeder Mensch sein eigenes Bild. Kürzlich habe ich eine Künstlerin während einer Schaffenskrise beraten. Sie konnte plötzlich nicht mehr malen und wusste nicht, wie sie wieder zu ihrer kreativen Kraft finden sollte. Ich habe sie gefragt, ob sie im Kontakt mit ihrer Seele erfahren habe, warum diese Schaffenskrise jetzt da sei. Bei dem Wort »Seele« hellte sich das Gesicht der eben noch weinenden Frau plötzlich auf und sie rief aus: »Ach, mein Seelchen!« Sie erinnerte sich plötzlich, wie sie als Kind wochenlang ihre Mutter bedrängt hatte, ihr doch nun endlich zu sagen, wie ihre Seele aussehe. Eines Tages brachte die Mutter eine Schwimmblase von einem Kabeljau mit nach Hause und sagte, so sehe ihre Seele aus. Eine Schwimmblase ist eine schimmernde, perlmuttfarbene Blase – ich kannte sie bis dahin auch nicht. Die Künstlerin hat sich dieses Bild als sehr schöne Erinnerung an ihre Seele bewahrt. Ich habe ihr vorgeschlagen, diese Schwimmblase einmal zu malen und sich so ihrer Seele wieder anzunähern. Sie ging strahlend wie ein Kind aus meiner Praxis und ich bin schon gespannt auf das Gemälde.
Welches Bild haben Sie von Ihrer Seele? Möchten Sie es vielleicht auch malen oder in einer anderen Form zum Ausdruck bringen?

wechselbare Individualität bestimmt und auch durch den Tod nicht aufgehoben wird. In der buddhistischen Weltanschauung, aber auch in vielen anderen, geht man davon aus, dass die Seele unsterblich ist und daher immer wieder neu geboren wird. In der – relativ – kurzen Zeitspanne, in der sie in einem Körper »wohnt«, also während der Lebenszeit eines Menschen, wird sie an einen menschlichen Körper gebunden und ist sozusagen »gefangen«. Aus spiritueller Sicht hat jede Seele in einem Körper bestimmte Aufgaben zu erfüllen – die eine Person soll wichtige wissenschaftliche Erfindungen machen, eine andere neuen Wind in die Oper bringen, wieder eine andere hat den Drang, Menschen in armen Ländern zu helfen. Daher erklärt sich auch, wie individuell jeder Mensch ist und wie wichtig es ist, dass man »seinen« Platz im Leben findet. Lebt der Mensch an den Wünschen und Bedürfnissen seiner Seele vorbei, fühlt er sich eingeengt und wird krank.

Wie äußert sich die Seele?

Wirklich wohl fühlen kann ein Mensch sich nur, wenn er auf seine körperlichen und seelischen Bedürfnisse achtet. Die körperlichen Bedürfnisse stehen in unserer Kultur so stark im Mittelpunkt, dass wir sie meist sehr gut kennen. Doch wie ist es um die seelischen bestimmt? Kennen Sie Ihre Seele? Sind Sie mit dem Wesen Ihrer Seele vertraut? Erst wenn Sie das Wesen der Seele erfasst haben, fällt es Ihnen leicht, mit ihr in Kontakt zu kommen. Jede Seele hat eine kindliche Natur. Sie kann staunen, sich begeistern und an kleinen Dingen erfreuen. Nichts ist ihr unmöglich. Sie will immer alles, sofort und bedingungslos. Das klingt sehr unvernünftig und nicht sehr gesellschaftstauglich. Ist es auch nicht. Die Seele liebt es spielerisch und fordert dazu auf, sich mit Haut und Haaren auf das Leben einzulassen. Wie man das umsetzt, leben uns interessanterweise viele sehr erfolgreiche Menschen vor. Betrachten Sie das Leben als ein Spiel, und es geht Ihnen leichter von der Hand. Bedingungen zu stellen, ist Gift für die Seele und blockiert jede Kreativität.

Wie ein Kind erfreut sich die Seele an kleinen Dingen, die große Freude machen.

Die stille Sprache der Seele

Kennen Sie folgende Situation? Sie gehen in einen Buchladen und laufen wie ein Schlafwandler auf ein Buch zu, das Sie sofort in seinen Bann zieht. Sie lesen ein wenig quer und plötzlich kommt er, der AHA-Effekt. Das, was Sie da gerade lesen, gibt Ihnen die Antwort auf eine Frage, die Sie schon lange bewegt. Das ist die Sprache, die die Psyche neben den oben aufgeführten Seelenaussagen benutzt. Unterhalten Sie sich einmal mit Ihren Freunden über dieses Thema und erzählen Sie so ein Beispiel. Fast jeder wird Ihnen bestätigen, solche Erlebnisse zu kennen. Oder auch: Sie unterhalten sich mit Ihrem Freund, und er erzählt Ihnen etwas, das Sie plötzlich auf die Lösung eines Problems bringt, mit dem Sie schon lange hadern. Das ist eine weitere Möglichkeit, wie die Seele mit Ihnen spricht. Die Seele kennt viele verschiedene Wege, sich Ihnen mitzuteilen. Ihre Sprache ist allerdings meist indirekt. Sie sagt nie so etwas wie »Hallo, mir geht es gut«. Sie drückt sich durch Ihren Gemütszustand aus oder durch Gedanken, die Sie in sich tragen. Wenn Sie zum Beispiel eigentlich ein fröhlicher Mensch sind, aber plötzlich »nahe am Wasser gebaut sind« und bei kleinsten Anlässen zu weinen anfangen, dann drückt Ihre Seele damit ein Verstimmtsein aus – etwas in Ihnen ist in Schieflage geraten. Aber was fehlt der Seele? Was braucht sie? Diese Frage können nur Sie selbst für sich beantworten, indem Sie Ihre Aufmerksamkeit auf Ihre Seele und deren Bedürfnisse richten. Um die Sprache der Seele zu verstehen, müssen Sie daher erst einmal der Seele lauschen.

Der Seele wieder zuhören

Wenn Sie nie gelernt haben, auf Ihre Seele und deren Bedürfnisse zu achten, dann ist es zunächst wichtig, mit Ihrer Seele in Kontakt zu kommen. Das geht nur über die innere Achtsamkeit. Das ist leichter, als Sie denken, und erfordert lediglich ein wenig Übung.

Innere Achtsamkeit üben

Reservieren Sie sich zunächst eine bestimmte Zeit am Tag und begeben Sie sich an einen Ort, an dem Sie Ruhe haben und vom Alltagstrubel abgeschirmt sind. Sie können die innere Achtsamkeit auch während eines

Auf welche Stimme hören Sie?

Im Folgenden haben wir ein paar typische Ego- und Seelenaussagen einander gegenübergestellt, damit Sie sie auf Anhieb erkennen können und voneinander unterscheiden lernen.

Egoaussagen:

»Das kann ich doch nicht machen, das ist unvernünftig.«

»Ich muss einen Beruf erlernen, der gefragt ist, und nicht einen, den ich mir in meinen Träumen vorstelle.«

»Ich muss vernünftig sein und diese Ausbildung nun beenden.«

»Ich muss vor allem darauf achten, dass ich Karriere mache und mein Leben absichere.«

»Meine Kinder müssen gute Ausbildungen bekommen, damit sie einen entsprechenden Arbeitsplatz finden.«

»Wenn ich erst mal die Diplomarbeit fertig habe, dann kümmere ich mich wieder um meine eigenen Bedürfnisse.«

»Ich merke zusehends, dass dieser Beruf mir keinen Spaß mehr macht, aber ich muss ja froh sein, dass ich überhaupt einen Arbeitsplatz habe, also bleibe ich dabei, auch wenn ich jeden Morgen mit Bauchweh ins Büro fahre.«

»Ich muss zu dieser Party. Da treffe ich wichtige Leute.«

»Das kann ich nicht machen, das gehört sich doch nicht.«

»Eigentlich sollte ich mich von meinem Partner trennen. Aber er sichert mich finanziell ab. Deshalb bleibe ich bei ihm.« (Und nehme meine Migräneattacken in Kauf.)

Mit solchen »guten« Argumenten kann Ihre Seele nichts anfangen.

Auf welche Stimme hören Sie?

Seelenaussagen:

»Ich spüre tief in meinem Innern, dass diese Entscheidung für mich richtig ist.«

»Ich kann es auch nicht erklären, aber so ist es besser.«

»Ich weiß, dass ich das nicht tun soll, weil es für mich nicht stimmig ist.«

»Alle Argumente sprechen dafür, dass ich diesen Job annehmen sollte, aber irgendetwas in mir sträubt sich dagegen.«

»Seit ich diese Entscheidung getroffen habe, wache ich jeden Morgen mit einem unguten Gefühl auf und muss sofort daran denken. Ich weiß gar nicht richtig, warum das so ist. Deshalb mache ich die Entscheidung rückgängig.«

»Es zieht mich im Urlaub immer wieder an diesen Ort. Dort kann ich mich besser erholen als an anderen, obwohl diese auch schön sind.«

»Mein Gefühl rät mir etwas zu ändern.«

»Dieser Mensch passt überhaupt nicht in mein Leben. Aber ich liebe ihn. Deshalb findet sich ein Weg.«

Was eine typische Seelenaussage ausmacht, brachte der bedeutendste Theologe, Philosoph und Mystiker des Mittelalters, Meister Eckhart, so auf den Punkt: »Und plötzlich weißt Du, es ist Zeit, etwas Neues zu beginnen und dem Zauber des Anfangs zu vertrauen.«

Unser Tipp: Wann immer Ihnen »gute Argumente« gegen Ihre eigenen Bedürfnisse über die Lippen kommen, denken Sie daran, dass Ihr Ego Ihnen da gerade etwas einzureden versucht. Lassen Sie das nicht zu. Im Zweifelsfall hat die Seele Recht.

Stellt sich nach einer getroffenen Entscheidung ein wohliges Gefühl tief in Ihrem Innern ein, dann wissen Sie: Meiner Seele geht es gut damit.

Spaziergangs üben. Spüren Sie nach, wie Sie sich fühlen, wenn Sie entspannt sind und wie Ihr Gefühl sich verändert, sobald Sie an bestimmte Dinge denken, die Sie im Alltag beschäftigen. Gewöhnen Sie sich an, täglich einige Minuten Ihre Aufmerksamkeit auf das Entziffern der verschiedenen Gefühlsnuancen zu richten. Wenn Sie das regelmäßig machen, ist das, als würden Sie eine neue Sprache erlernen – es geht Ihnen allmählich in Fleisch und Blut über. Und: Es macht Spaß, sich selbst auf diese Weise kennen zu lernen. Ein guter Zeitpunkt, um innere Achtsamkeit zu üben, ist am Abend. Lassen Sie einige Minuten lang den Tag Revue passieren. Horchen Sie in sich hinein, welches Gefühl Sie bekommen, wenn Sie an die verschiedenen Alltagssituationen denken. So wird Ihnen allmählich deutlich, wie Ihre Seele auf Ihre Lebensweise und Lebensumstände reagiert. Ein Beispiel: Eine nahe stehende Person hat Sie beleidigt. Sie waren kurz gekränkt, aber bis zum Abend haben Sie die Situation vergessen. Vergessen? Wenn Sie die Situation noch einmal vor Ihrem inneren Auge nachvollziehen, dann spüren Sie recht schnell, ob Sie noch einmal wütend oder traurig werden oder ob Sie den Vorfall tatsächlich gelassen anschauen. Das ist innere Achtsamkeit. Tauchen in Ihnen noch Wut oder Traurigkeit auf, dann sollten Sie am nächsten Tag ein klärendes Gespräch versuchen, damit Ihre Seele nicht weiter verstimmt sein muss.
Um die innere Achtsamkeit zu schulen, kann es auch ausreichen, ein Tagebuch zu führen. Wenn Sie sich angewöhnen, jeden Tag einige Zeilen über das niederzuschreiben, was Sie gerade bewegt, dann bekommen und behalten Sie einen guten Zugang zu Ihrer Seele.

Den Kontakt über Rituale stärken

Neben dem Üben der inneren Achtsamkeit und dem Tagebuchführen ist die tägliche Meditation eine weitere Möglichkeit, um wieder in Kontakt mit der Seele zu kommen. Wie Sie meditieren, lesen Sie auf Seite 59. Für manche Menschen ist das Malen ein Weg, um ihre Seele wieder zu spüren, bei anderen kann es Geigespielen oder Flamencotanzen sein. Auf welche Weise Sie sich Ihrer Seele auch annähern, es ist wichtig, dass Sie den Kontakt regelmäßig herstellen, ihn zu einem Ritual machen. Die Seele braucht solche festen Rituale, um sich wohl zu fühlen. Rituale vermitteln Rhythmus, und Rhythmus ist ein Urprinzip des Lebens. Bereits im Mutterleib werden wir von einem Rhythmus geprägt – vom Herzschlag der Mutter. Er vermittelt uns Geborgenheit. Untersuchungen haben ergeben, dass Musik, die dem Herzrhythmus entspricht, besonders beruhigend auf Menschen wirkt. Menschen, die seelisch leiden, haben wenig rhythmische Tagesabläufe. Sie essen und arbeiten meist sehr unregelmäßig. Jeder rhythmische Tagesablauf aber stärkt die Seele. Das ist besonders in der Kindheit wichtig, aber auch für Menschen, die zu depressiven Verstimmungen neigen.

Finden Sie Ihren ganz eigenen Weg zur Seele.

Der Seele vertrauen

Wie Sie sehen konnten, hat das Ego immer schlagkräftige Argumente zur Hand, die Seele dagegen meist nur ein tiefes, inneres Gefühl, das sie nicht näher begründen kann. Das verunsichert Menschen, die es nicht gewohnt sind, auf ihre Seele zu hören, anfangs. In der Welt, in der wir leben, müssen wir uns meist erklären. Die Seele kann das nicht, sie erläutert nicht, warum sie so oder so handelt. Was Sie daher brauchen, ist Vertrauen, Vertrauen in Ihr Innerstes, in Ihr Seelenleben und darauf, dass es die richtigen Entscheidungen für Sie fällt. Wenn Sie dieses Vertrauen erst einmal haben, werden Angst und Unsicherheit aus Ihrem Leben verschwinden. Folgen Sie der Sprache Ihrer Seele und lassen Sie sich nicht von Ihrem Ego in die Enge treiben. Ihr Ego ist der Gegenspieler zur Seele: Es geht ihm um Geld, Macht, Besitz und um alles andere, das materiell ist. Die Seele hat daran kein Interesse, denn sie ist von ihrem Wesen her nicht materiell. Die Seele spricht tief aus einem Bauchgefühl zu Ihnen. Das Ego bringt Argumente aus dem Kopf. Beobachten Sie sich: Immer, wenn Sie nach den Empfehlungen Ihrer Seele handeln, geht es Ihnen anschließend besser.

Leben im Einklang mit der Seele

Kein Mensch kann immer in Harmonie mit seiner Seele sein. Wichtig ist aber, es ständig zu versuchen. Lernen Sie zu spüren, wann Sie gegen Ihre inneren Werte leben, und steuern Sie rechtzeitig dagegen. Auch für das gesunde Heranreifen von Kindern ist es unerlässlich, ihrer Seele genügend Raum zu geben, damit sie sich auf ihre Weise entfalten kann und die Kinder zu glücklichen Erwachsenen werden.

Erziehung, die der Kinderseele gut tut

Wie nimmt man Rücksicht auf die Seele des Kindes? Das ist für Eltern eine große Herausforderung. Sie wissen nun, wie schwierig es ist, Ihre eigene Seele wahrzunehmen und nach ihr zu handeln. Als Vater oder Mutter müssen Sie nun auch die Seele Ihrer ein, zwei, drei oder mehr Kinder wahrnehmen und auf sie hören. Die Erziehungsaufgabe aus Sicht der Seele besteht darin, Kindern beizubringen, wie sie ihre Seele und deren Bedürfnisse in ihr Leben einbauen. Wie kostbar die Seele ist, wird in vielen Märchen verschlüsselt angesprochen, in denen von einem Schatz die Rede ist, den es zu bergen gilt. Solch ein Schatz verbirgt sich in allen Menschen und muss entdeckt und gefördert werden.

Bergen Sie Ihren Schatz

Mit diesem Schatz sind die besonderen, individuellen seelischen Qualitäten eines Menschen gemeint. Diese schlummern in jedem Menschen so lange, bis sie verwendet werden – bis der Schatz gehoben wird. Ich liebe dieses Bild, weil es mir immer wieder hilft, mit einem liebevollen Blick auch auf die Menschen zu schauen, deren Schatz weder auf den ersten noch auf den zweiten Blick erkennbar ist. Eltern können viel dazu beitragen, dass ihre Kinder diesen Schatz bergen können. Der größte Fehler, den Eltern machen, ist, ihren Kindern berufliche Wege vorzugeben aus wirtschaftlichen oder arbeitsmarktbedingten Gründen. Das sind Ego-Argumente, mit denen die Seele nichts anfangen kann. Ein Beispiel: Sie durften nicht studieren, weil Ihre Eltern nicht genügend Geld hatten. Sie selbst sind

In der Seele eines jeden Menschen schlummert ein kostbarer Schatz, den es zu entdecken gilt.

nun zusammen mit Ihrem Partner wirtschaftlich in der Lage, Ihre Kinder studieren zu lassen. Nun haben Sie aber einen Sohn, der absolut einen handwerklichen Beruf erlernen möchte und der dafür sehr talentiert ist. Sie sagen sich jedoch: »Mein Kind soll es besser haben als ich, es soll studieren können.« Doch was ist wirklich besser für Ihr Kind? Wenn es Ihre nicht gelebten Träume erfüllt oder wenn es seine eigenen Träume lebt? Am zufriedensten wird Ihr Kind, wenn es seinen Neigungen folgen kann, auch wenn die mit Ihren eigenen Vorstellungen gar nichts zu tun haben. Betrachten Sie Ihre Kinder als individuelle Wesen, die ihren eigenen Gesetzen, denen ihrer Seele, folgen. Nur so können sie zu gesunden und ausgeglichenen Erwachsenen werden. Zwingen Sie daher Ihr Kind auch nie, eine Sportart oder einen Kurs zu besuchen, zu dem es keinen Bezug hat. Leider leben wir in einer sehr leistungsorientierten Welt. Lassen Sie sich als Erzieher davon nicht beeindrucken. Stressen Sie Ihre Kinder nicht mit Leistungsdenken. Schenken Sie den seelischen Bedürfnissen Ihrer Kinder Aufmerksamkeit. Helfen Sie ihnen, ihren Schatz zu entdecken.
Wer seinen Schatz zutage fördert, seine Fähigkeiten im Leben anwendet, der legt seine Seele, seine schöpferische Kraft, frei. Er geht seiner Berufung nach, ist zufriedener bei seiner Arbeit, findet viel leichter einen Arbeitsplatz, sieht den Sinn seiner Handlungen und ist gesünder.
Übrigens: Um seinen Schatz zu bergen, ist man nie zu alt. Wenn es Ihnen in Ihrer Kindheit nicht möglich war, das zu tun, dann begeben Sie sich eben jetzt auf Schatzsuche. Ihre Seele wird es Ihnen danken.

Die Seele nähren

Die Seele braucht nicht nur Ihre Aufmerksamkeit, sie braucht auch Nahrung, sonst verkümmert sie. Was ist Nahrung für die Seele? Wenn wir eingangs beschrieben haben, dass die Seele oft auch als Lebenskraft, als schöpferische Kraft, verstanden wird, ahnen Sie bereits, dass jede kreative Tätigkeit Seelennahrung ist. Erfahrungsgemäß sind Menschen, die sehr kreativ sind, gesünder. In jeder schöpferischen Tätigkeit findet die Seele eine Ausdrucksform. Das kann Musizieren, Malen, Gartengestaltung, Schreiben, Basteln oder etwas Handwerkliches sein. Wem es möglich ist, in seelischen Krisen auf derartige kreative Tätigkeiten zurückzugreifen, der überwindet solche Zeiten leichter. Damit Sie Ihrer Seele Nahrung geben, ist es aber nicht unbedingt nötig, ein »guter« Musiker, Maler, Autor,

Gärtner oder Handwerker zu werden. Sie sollen vor allem Freude bei Ihrem kreativen Tun empfinden. Auch kleine Dinge nähren die Seele wie beispielsweise ein Spaziergang in einer malerischen Landschaft oder das Betrachten eines Bildes, das schöne Erinnerungen weckt. Wichtig ist, dass Sie sich auf das, was Sie gerade tun, konzentrieren. Jede Tätigkeit, die Sie mit ganzer Aufmerksamkeit ausüben, stärkt Ihre Seele.

Neue Wege entdecken

Sie sehen: Sie haben nahezu unbegrenzte Möglichkeiten, die Seele baumeln zu lassen und sie auch im Alltag zu erfrischen. Doch es sind auf Dauer nicht nur Entspannung und Erholung, die Ihre Seele erfreuen. In manchen Lebensabschnitten tun gerade neue Herausforderungen und anspruchsvolle Tätigkeiten der Seele gut und stärken sie. Denken Sie nur an die Menschen, deren Arbeitsplatz wegrationalisiert wurde oder die in Rente gehen und die sich dann oft überflüssig fühlen. Gerade in solchen Situationen ist es aufbauend, eine Aufgabe zu haben und das Gefühl, gebraucht zu werden. Vielleicht behagt es Ihrer Seele, wenn Sie sich beruflich weiterbilden und eine neue Ausbildung oder eine Umschulung beginnen, die Ihnen liegt – egal in welchem Alter – um neue berufliche Möglichkeiten und Felder für sich zu erschließen. Oder wenn Sie sich als Rentner ehrenamtlich engagieren und auf diese Weise etwas von Ihrer langjährigen Berufserfahrung weitergeben. Sie erweitern so auf jeden Fall Ihren geistigen Horizont – was Ihrem Leben einen neuen Kick geben und Ihren Alltag entscheidend verändern kann.

Ausgetretene Pfade zu verlassen und neue Wege zu gehen fördert die seelische Entwicklung.

Der Seelen-Check

Wissen Sie eigentlich, wie es momentan um Ihre Seele steht? Die Frage klingt simpel, doch die wenigsten Menschen haben darauf spontan eine Antwort. Mit dem folgenden Seelen-Check können Sie herausfinden, wie gut Sie Ihre Seele kennen und wie viel Raum Ihre Seele in Ihrem Leben hat.

Wenn Sie möchten, machen Sie sich Aufzeichnungen zu den einzelnen Fragen. Nutzen Sie sie als eine Art Bestandsaufnahme Ihres augenblicklichen Lebens, der Sie entnehmen können, wo Sie stehen und was Sie noch erreichen möchten. Bewahren Sie das schriftliche Ergebnis Ihrer Betrachtungen auf. Sehen Sie sich in drei Monaten wieder an, was Sie aufgeschrieben haben, um zu überprüfen, ob und wie weit Sie sich Ihren Zielen angenähert haben.

Schritt für Schritt zum Seelen-Check

1. Wie kann Ihre Seele sprechen?

Wie wir bereits erläutert haben, kann die Seele sprechen, aber auf eine andere Art, als wir uns das vorstellen. Sie ist keine »Quasselstrippe«, die unentwegt auf uns einplappert. Sie macht sich vielmehr bemerkbar, indem sie uns ganz leise antippt und uns durch ein »komisches« Gefühl im Bauch zu verstehen gibt, dass sie sich gerade nicht wohl fühlt, bei dem, was wir tun. Sie kann sich auch auf andere Weise äußern. Woran merken Sie, dass es Ihre Seele ist, die da spricht? Immer wenn Ihnen die Antwort unrealistisch, kindlich oder unvernünftig erscheint und so gar nicht in Ihre Pläne passt, dann können Sie davon ausgehen, dass Ihre Seele sich gerade gemeldet hat. Wie macht sich Ihre Seele bemerkbar, wie spricht Sie mit Ihnen?

Seelen sprechen leise. In hektischem, oberflächlichem Alltagsgeschehen können Sie Ihre Seele nicht hören. Geben Sie Ihr täglich ein wenig Raum, damit sie reden kann.

2. Lassen Sie Ihre Seele sprechen – und hören Sie ihr zu?

Selbst wenn Sie schon lange wissen, dass Ihre Seele sprechen kann und Sie teilweise auch genau wissen, was Ihre Seele von Ihnen möchte: Hören

Sie Ihr denn zu? Gewöhnen Sie sich an, Ihrer Seele täglich einige Minuten einzuräumen, in denen Sie ganz Ohr sind. Da die Seele nur leise Töne von sich gibt, sollten Sie mindestens einmal am Tag einen ruhigen Ort aufsuchen und Ihrer Seele ganz bewusst einen Raum geben, der so still ist, dass Sie ihre Stimme vernehmen können.

3. Darf Ihre Seele mitreden, wenn es um wichtige Entscheidungen in Ihrem Leben geht – egal, ob privat oder beruflich?

Wenn Seelen eher Traumtänzer sind und Unvernünftiges, ja Kindliches von Ihnen wollen, warum sollten Sie Ihre Seele mitreden lassen? Privat mag das noch angehen, aber in beruflichen Fragen? Da kommt es doch nun wirklich auf Vernunft an. Dennoch meldet sich auch hier die »innere Stimme« und zeigt uns, mit welcher Entscheidung wir wesentlich glücklicher sein können. Und was antworten wir unserer Seele? Nicht selten werfen wir einfach den Kopf in den Nacken, denken uns »papperlapapp«, um danach so weiterzumachen wie zuvor. Da hat sich dann wieder unser Ego dazwischengeschaltet, das eher leichtfertig mit unseren seelischen Bedürfnissen umgeht. Das Ego beharrt auf mehr Schein als Sein. Es ist jedoch ein Irrtum zu glauben, dass Entscheidungen, bei denen man die Seele außen vor lässt, einen Menschen glücklich machen können. Der Mensch ist eine Ganzheit aus Körper, Geist und Seele. Nur, wenn diese im Einklang sind, kann der Mensch gesund und zufrieden sein. Können Sie sich an Situationen erinnern, in denen Ihre Seele ein Mitspracherecht hatte? Wie haben sich diese Situationen für Sie weiterentwickelt, welche Erfahrungen haben Sie gemacht?

Eine Seeleninventur lässt Ihre Seele wieder aufatmen. Entrümpeln Sie Ihren Seelenmüll. Fragen Sie sich: Was ist mir wirklich wichtig und was belastet mich nur? Sagen Sie nie, alles ist wichtig. Filtern Sie Ihre Eindrücke und Informationen so lange, bis nur die wirklich wesentlichen Dinge zurückbleiben.

4. Machen Sie in regelmäßigen Abständen eine »Seeleninventur«?

Ihre Seele wird tagtäglich überschüttet mit Eindrücken, Impulsen und Informationen. Das kann schnell zu viel werden, weshalb es gut ist, so oft wie möglich auszumisten, eine Seeleninventur zu machen. Das geht ganz einfach: Sie sollten regelmäßig alles Wichtige vom Unwichtigen trennen und sich nur auf das für Sie wirklich Spannende und Sinnvolle konzentrieren. Das bedeutet zum Beispiel, dass Sie sich nicht von Informationen – etwa aus den Medien, der Werbung, in Gesprächen – überfluten lassen, sondern

sehr wach entscheiden, was Sie an sich heranlassen wollen und was nicht. Dabei müssen Sie Ihrer Seele ein wenig helfen, denn sie ist von ihrem Wesen her grundsätzlich für alles offen und kann deshalb schlecht Grenzen ziehen. Setzen Sie sich und Ihre Seele daher nicht allen Reizen aus und gönnen Sie ihr öfter einen Rückzug. Auch die für Sie wichtigen Informationen muss die Seele verdauen können.
Übrigens: Äußere Ordnung hilft der Seele. Räumen Sie regelmäßig Ihren Schreibtisch oder andere müllverdächtige Plätze in Ihrer Wohnung auf. Dann fällt es Ihrer Seele leichter, wieder klar zu sehen.

Zur Klarheit der Seele tragen auch ganz einfache Dinge bei, wie etwa eine aufgeräumte Umgebung – nicht nur zu Hause, sondern auch im Büro.

5. Sprechen Sie Ihre Ziele mit Ihrer Seele ab?

Inzwischen wissen Sie, dass Ihre Seele spricht und wie Sie sie wahrnehmen können. Wenn Sie sich von jetzt ab angewöhnen, die großen Ziele, die Sie für Ihr Leben haben, mit Ihrer Seele abzusprechen, dann steht Ihrer seelischen und körperlichen Gesundheit nichts mehr im Wege. Suchen Sie sich einen ruhigen Platz, nehmen Sie ein Blatt Papier und etwas zum Schreiben und formulieren Sie Ihre großen Lebensziele. Durch das Niederschreiben geben Sie Ihren Zielen eine Form, Ihre Vorstellungen für die Zukunft erhalten dadurch mehr Bedeutung. Auf diese Weise werden Ihr Denkprozess und Ihre Kreativität gleichermaßen angeregt – Verstand und Seele können sich dann gemeinsam an die Umsetzung und Verwirklichung Ihrer Pläne machen.
Wenn Ihnen zu Ihren Lebenszielen nichts oder nur wenig einfällt, dann brauchen Sie etwas mehr Zeit für diesen Punkt. In diesem Fall sollten Sie sich erst einmal an Ihre Kindheitsträume erinnern, die vermutlich verschüttet sind (siehe Seite 32).

6. Sprechen Sie auch den Weg zu Ihrem Ziel, Ihre jeweils nächsten Schritte, mit Ihrer Seele ab?

Die nächsten Schritte im Leben zu planen, um die großen Ziele im Leben zur erreichen, scheint zunächst so gar nichts mit dem Wesen der Seele zu tun zu haben. Wenn Sie jedoch Ihre Lebensträume – die Sie kennen sollten – vollständig in die Realität umsetzen möchten, ist es erfahrungsgemäß erfolgversprechender, wenn Sie die detaillierte Vorgehensweise mit Ihrer Seele absprechen. Sonst ist die Gefahr groß, dass Ihr Ego Ihnen einen Strich durch Ihre Pläne macht. Wählen Sie ein Ziel aus Ihrer Liste aus, das Sie als nächstes anstreben, führen Sie die einzelnen Punkte auf, die Sie dafür in Angriff nehmen wollen und fragen Sie Ihre Seele, ob sie damit einverstanden ist.

7. Wissen Sie, was Ihre Seele in einer bestimmten Situation von Ihnen will?

Formulieren Sie Ihre Frage an die Seele möglichst genau, schreiben Sie sie vielleicht auch nieder und lösen Sie sich anschließend völlig davon. Damit geben Sie Ihrer Seele Zeit, auf ihre Art und ganz ohne Druck zu antworten. Sie werden verblüfft sein, welche Wege Ihre Seele findet, Ihnen zu antworten, wenn Sie sich von allen festen Vorstellungen freimachen. Erwarten Sie nicht, dass Ihnen Ihre Seele auf eine bestimmte Weise etwas mitteilt, sie kennt viele verschiedene Möglichkeiten und ist immer für eine Überraschung gut: Die Antwort kann Ihnen morgens einfach so unter der Dusche einfallen, Sie können sie »zufällig« in einem Buch lesen oder ein guter Freund gibt sie Ihnen, ohne es zu wissen.

8. Können Sie erkennen, wenn Ihre Seele versucht, Ihnen etwas zu sagen?

Der Umgang mit der eignen Seele ist eine Übungssache, vor allem, wenn Sie ihn bislang nicht gepflegt haben. Oft bedarf es nur einer anderen Art von Aufmerksamkeit, um genau zu erspüren, was Ihre Seele tatsächlich von Ihnen will. Wenn Sie beispielsweise sehr gestresst sind, mahnt sie vielleicht leise an, eine Pause einzulegen – sie fordert Sie nicht dazu auf, gleich die ganze Arbeit hinzuschmeißen. Sie wird es Ihnen danken, wenn Sie auch im größten Trubel ihre Bedürfnisse mit berücksichtigen. Sie zeigt Ihnen auch, wenn Sie nicht auf sie gehört haben: Immer dann, wenn nach einer getroffenen Entscheidung ein »komisches« Gefühl in Ihnen aufkommt, heißt das eindeutig, Sie haben nicht im Einklang mit Ihrer Seele gehandelt.
Wenn Sie wiederholt über die Signale der Seele hinweggehen, greift sie zu deutlicheren Ausdrucksweisen: Viele körperliche Beschwerden sind letztlich eine Sprache der Seele. Ein einfacher Schnupfen kann etwa bedeuten, dass Ihrer Seele alles zu viel wird, sie die Nase sozusagen voll hat. Die Folge der seelischen Überforderung schwächt auf körperlicher Ebene das Immunsystem, weshalb es zum Schnupfen kommt. Und was passiert, wenn Sie einen starken Schnupfen haben? Sie legen sich ins Bett, schalten einen Gang herunter, pflegen also Ruhe und Rückzug – genau das, was Ihre Seele braucht, wenn sie sich überlastet fühlt.

9. Können Sie unterscheiden, ob Ihre Seele oder Ihr Ego Ihnen gerade etwas zu sagen versucht?

Wenn Sie Ihrer Seele eine Frage stellen und eine Antwort erhalten, sind Sie anfangs womöglich noch unsicher, ob Ihre Seele oder Ihr Ego gesprochen hat (siehe Kasten Seite 20/21). Als Faustregel gilt: Die Antwort Ihrer Seele erzeugt in Ihrem tiefsten Inneren ein wohliges Gefühl. Um zu überprüfen, wie die Antwort sich anfühlt, können Sie sie noch mal laut wiederholen und dabei genau zuhören.

Leben Sie nicht nach gesellschaftlichen Erwartungen, sondern nach den Werten Ihrer Seele. Nur so können Sie gesund bleiben.

Stammt die Antwort vom Ego, wird meist eine Begründung für die Entscheidung mitgeliefert. Beispiel: »Unterzeichne diesen Vertrag, er sichert dir dein Einkommen.« Die Seele ist nicht so gut im Argumentieren, liegt aber immer richtig, wenn es darum geht, Ihre gesamten Bedürfnisse zu vertreten.

10. Seelen verfolgen andere Werte und Ziele als die jeweils gesellschaftlich anerkannten. Kennen Sie die IHRER Seele?

Es ist manchmal traurig, mit anzusehen, wie Menschen seelisch leiden, weil sie ihre innersten Ziele völlig aus den Augen verloren haben. Sie plappern gesellschaftliche Werte nach oder tun, was ihre Eltern von ihnen erwarten, beruflich wie privat. Und wozu führt das? Zu unglücklichen Menschen, die auf Dauer an Seele und Körper Schaden nehmen. Es wäre einfacher, sich selbst zu verwirklichen, lägen die Werte der Seele nicht so weit entfernt von denen unserer Gesellschaft. Spirituelle Menschen gehen davon aus, dass jede Seele mit bestimmten Aufgaben auf die Welt kommt und im Laufe des Lebens versucht, sie in die Tat umzusetzen. Meist sind die Vorhaben der Seele identisch mit Kindheitsträumen, weshalb es so wichtig ist, sich an diese zu erinnern. Wenn Sie daher mehr über die Werte Ihrer Seele erfahren wollen, dann sollten Sie sich mit Ihren Kindheitsträumen beschäftigen.

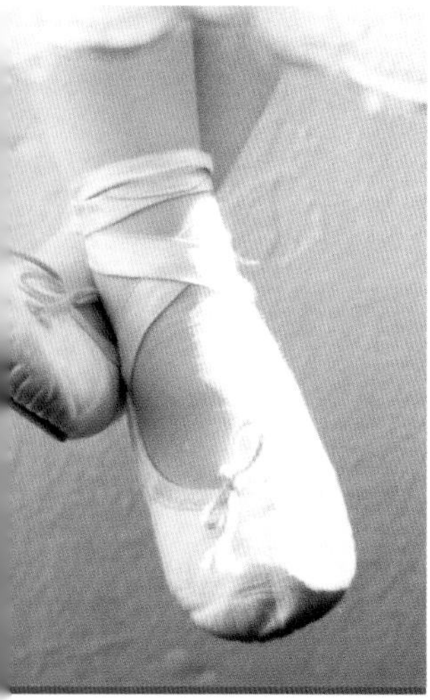

Der Pfad zur Seele führt über die Kindheitsträume: Welchen Herzenswunsch hatten Sie als Kind?

11. Können Sie sich noch an Ihre Kindheitsträume erinnern?

Manche Menschen haben einen großen Kindheitstraum, dem sie ein Leben lang nachhängen, während sie ein völlig anderes Leben führen. Einige behaupten, sie hätten nie einen großen Kindheitstraum gehabt. Andere wiederum können sich gleich an mehrere Kindheitsträume erinnern. Möglicherweise sind Ihre Träume im Laufe Ihres bisherigen Lebens so verschüttet worden, dass Sie nicht nur Tage, sondern Wochen oder gar Monate brauchen, um sie wieder freizuschaufeln. Unser Tipp: Schaffen Sie sich ein Notizbuch an und schreiben Sie so oft es geht alles nieder, was Ihnen zum Thema »Kindheitsträume« einfällt. Im Laufe der Zeit kristallisiert sich etwas heraus – geben Sie sich auch dabei viel Spielraum. Jede Arbeit mit der

Seele muss sehr behutsam angegangen werden und völlig frei von Druck sein, denn den mögen Seelen ganz und gar nicht.

12. Haben Sie alle oder einen Ihrer Kindheitsträume wenigstens teilweise verwirklicht?

Wenn Sie Ihre Kindheitsträume erst ausgraben müssen, stellen Sie diese Frage erst einmal hinten an. Kennen Sie Ihre Kindheitsträume jedoch, überprüfen Sie einmal, welche davon Sie sich schon erfüllt haben und welche noch darauf warten, Realität zu werden. Oder sagen Sie sofort »Träume gehören ins Reich der Kindheit und haben in der Erwachsenenwelt nichts mehr zu suchen«? Wenn Sie so denken, dann hat Ihr Ego sie vollständig im Griff. Befreien Sie sich aus dieser lebensfeindlichen Umklammerung und begeben Sie sich in das Abenteuer, Ihre Kindheitsträume wahr zu machen.

13. Haben Sie das Gefühl, im Einklang mit Ihrer Seele zu leben?

Setzen Sie sich mit dieser Frage nicht unter Stress. Keinem Menschen auf dieser Welt ist es möglich, dauerhaft in Einklang mit seiner Seele zu leben. Dazu ist das Leben zu bunt und bietet zu viele Ablenkungsmöglichkeiten, die Sie vom Weg Ihrer Seele abbringen können. Wenn Sie durch die vorausgegangenen Fragen die Bedürfnisse Ihre Seele besser kennen lernen konnten und sich nun daran machen, sie zu erfüllen, haben Sie schon viel gewonnen. Auf diese Weise entwickeln Sie ein Gefühl dafür, wann Sie nicht in Einklang mit Ihrer Seele sind, und können gezielt entgegensteuern und Ihre Haltung entsprechend ändern. Manchmal kann es ein Weilchen dauern, bis diesem inneren Gefühl die ersten Taten folgen. Lassen Sie die Aufforderung Ihrer Seele ein wenig auf sich wirken.

14. Treibt Sie schon seit längerem das Gefühl, Sie sollten mal wieder auf Ihre Seele hören, weil einiges in Ihrem Leben nicht so läuft, wie Sie es sich vorstellen?

Wenn Sie dieses Gefühl kennen, können wir Ihnen nur gratulieren. Ihre Seele spricht bereits deutlich zu Ihnen und sagt Ihnen, was ihr nicht behagt. Sie fordert Sie dazu auf, etwas zu ändern. Und Sie haben sich auf den Weg gemacht, dieses Buch in die Hand genommen und sind dabei zu lernen, mehr auf Ihre Seele zu hören und Ihr Leben in Einklang mit ihr zu bringen.

Welche Perspektiven sehen Sie?

Ganz entscheidend für die Aufrechterhaltung und Wiederherstellung des seelischen Gleichgewichts ist die Perspektive, die Sie in Ihrem jetzigen Leben sehen. Wie wollen und können Sie sich weiterentwickeln? Wie erweitern Sie Ihren Horizont? Denn länger dauernde seelische und körperliche Probleme und Störungen sind immer mit Stillstand verbunden. Lebendig sein heißt, sich fortlaufend zu verändern und zu entwickeln. Wer zunehmend eingeengt ist, beginnt zu leiden. Im Grunde genommen gibt es keine Unterschiede zwischen körperlichem und seelischem Leid. Am Anfang jedes Leidens steht immer ein seelisches Ungleichgewicht. Dieses pflanzt sich fort, wird größer, kommt der Oberfläche des bewussten Empfindens immer näher, erfasst schließlich unser Bewusstsein und/oder unseren Körper. Je früher Sie gegensteuern, desto leichter können Sie Ihr seelisches Gleichgewicht wiederherstellen. An dieser Stelle wird deutlich, wie sehr Sie selbst für Ihr seelisches Gleichgewicht und damit auch für Ihre Gesundheit verantwortlich sind.

Stillstand ist ein deutliches Anzeichen für länger dauernde seelische und körperliche Probleme.

Offen für Veränderung?

Wenn Sie aus dem Gleichgewicht geraten sind und auf der seelischen oder körperlichen Ebene leiden, werden Sie den Wunsch nach Besserung, Heilung, also Veränderung Ihres Zustands spüren. Eine Veränderung setzt jedoch voraus, dass Sie bereit sind, Gewohnheiten, Denkmuster und altbewährte Abläufe zu verändern. Wenn Sie für einen Wandel nicht offen sind, wird sich an Ihrem Befinden nichts ändern.

Wenn Sie bereits jetzt schon schwer seufzen und sich sagen »Ach, bei mir ist alles so kompliziert – da kann ich nichts daran ändern« – oder »Da kann ich nichts machen, das ist eben so« – halten Sie einen Moment inne. Verbannen Sie Ihre eingefleischten Denkmuster und sagen Sie sich stattdessen: »Alles kann sich ändern.« Stellen Sie sich zudem vor, Ihr Leben wäre wie ein Kartenspiel und jede Karte stünde für einen bestimmten Lebensbereich oder für eine Tätigkeit: Eine Karte symbolisiert Ihre Arbeit, eine Ihre Kollegen, eine Ihren Sport, eine Ihr Konto, eine Ihren Partner, einige Ihre Kinder und Freunde und so weiter. Vielleicht entdecken Sie, dass es mehr Karten in Ihrem Leben gibt, als Sie dachten, und

Mit einem symbolischen Karten-auf-den-Tisch-Legen können Sie herausfinden, welche Veränderungen in Ihrem Leben Sie vornehmen wollen.

Sie einige davon bisher gar nicht ausgespielt haben. Sie finden womöglich heraus, dass Sie ständig auf dieselben Karten zurückgreifen und Ihr Leben deshalb auf immer gleiche Weise abläuft. Wenn Sie mit Ihrem Leben zufrieden sind, ist das natürlich in Ordnung. Wenn Sie aber spüren, dass Sie dringend etwas ändern sollten, dann es ist es sinnvoll, einmal wirklich alle Karten auf den Tisch zu legen und neu zu mischen. Wir Menschen neigen dazu, festzuhalten, leider auch unsere Probleme. Stecken wir dann mittendrin im Trubel des Lebens, sind wir meist nicht in der Lage zu erkennen, was wir loslassen sollten und was nicht. Da hilft so ein symbolisches Karten-auf-den-Tisch-Legen. Sie können auf diese Art jede »Karte« genau betrachten und nachspüren, was Ihnen dieser Lebensbereich oder dieser Mensch genau bedeutet. Allein das Gefühl, dass Sie der Regisseur Ihres Lebens sind und jedes Detail neu bestimmen können, gibt Ihnen in dem Moment so viel Freiheit, dass plötzlich Raum für etwas Neues entsteht.

Ein kleines Beispiel: Ihr Dienstag ist zu voll gepackt. Sie müssen arbeiten, haben abends Yoga, sollen nach der Arbeit Ihren Sohn zum Klavierunterricht fahren, für die Familie kochen und davor einkaufen. Das ist Stress pur. Wenn Sie diesen Tag hinterfragen, werden Sie gut begründen können, warum Sie das alles machen müssen. Wenn Sie aber gut in sich hineinspüren, tauchen vielleicht folgende Fragen und Ideen auf: Sind alle diese Vorhaben wirklich an diesem Tag nötig? Was, wenn Sie krank wären? Dann würde es auch ohne Sie gehen. Was können Sie ändern? Vielleicht kann zum Beispiel Ihr Partner den Einkauf übernehmen. Vermutlich weiß er bislang noch gar nicht, welcher Belastung Sie an diesem Tag ausgesetzt sind. Möglicherweise kann Ihr Sohn mittlerweile allein zum Klavierunterricht fahren oder die Oma bringt ihn gerne hin. Und der Yoga-Kurs? Wird er nicht auch an einem anderen Tag angeboten? Sie sehen, Sie können immer etwas ändern, Sie allein.
Nehmen Sie sich einige Minuten Zeit und beantworten Sie jetzt ehrlich und am besten schriftlich folgende Fragen:

1. Bin ich bereit, in meinem Leben etwas zu verändern?
2. In welchen Bereichen meines Lebens kann ich mir Änderungen vorstellen?
3. Welche Änderungen sind das?

Wann brauchen Sie professionelle Hilfe für Ihre Seele?

Das Aufrechterhalten Ihrer Gesundheit erfordert Aktivität, Einsatz von Energie und Ausdauer. Doch genau diese Fähigkeiten gehen bei seelischen Verstimmungen verloren und es erscheint oft unmöglich, je wieder aus dem seelischen Tief oder aus der inneren Unruhe herauszukommen. Natürlich können Sie dabei Hilfe in Anspruch nehmen, heute mehr und besser als jemals in der Geschichte.
In diesem Ratgeber haben wir für Sie eine Reihe von ganz unterschiedlichen Konzepten zusammengestellt, die Ihnen helfen werden, Ihr seelisches Gleichgewicht wieder zu erlangen und auf Dauer zu erhalten. Bedenken Sie bitte, dass es seelische Störungen gibt, die sich nicht für die Selbstbehandlung eignen. So können Sie zeitweilige depressive Verstimmungen, die Sie erfahrungsgemäß immer selbst wieder in den Griff bekommen haben, mit den Methoden dieser Hausapotheke behandeln.

Eine »echte« Depression dagegen gehört in die Hände eines Arztes oder Therapeuten. Die Empfehlungen in unserem Buch sind für leichte seelische Störungen gedacht. Genau abzugrenzen, ab wann eine Störung nicht mehr selbst behandelt werden sollte, ist aber meist nicht einfach: Jeder Mensch hat individuelle Kraftressourcen, um sich selbst wieder zur Gesundheit zu führen. So können manche Menschen wegen kleinster Ursachen einen Nervenzusammenbruch erleiden, schaffen es aber in kürzester Zeit, sich aus eigener Kraft wieder zu regenerieren. Sie sind so genannte »Stehaufmännchen«. Andere wiederum verlieren in einer vergleichbaren Situation so sehr den Boden unter den Füßen, dass sie ohne professionelle Hilfe nicht mehr stabil werden. Sie selbst kennen Ihre üblichen Muster am besten. Daher spüren Sie sehr präzise, ob Sie über genügend Ressourcen, genügend Lebenskraft verfügen, um sich mit Unterstützung von Heilpflanzen, Homöopathie, Schüßler-Salzen oder Bach-Blüten wieder in Balance bringen zu können, oder ob Sie eine weitergehende Unterstützung benötigen.

Nicht alle seelischen Störungen können selbst behandelt werden. Bei schwerwiegenderen Problemen ist das Gespräch mit einem Therapeuten sinnvoll.

So halten Sie Ihre Seele bei Laune

Was können Sie in Ihrem Alltag vorbeugend tun, um sich vor dem gefürchteten »Seelen-Blues« zu schützen? Wir neigen dazu, nach komplizierten Lösungen zu suchen. Doch es sind oft die einfachen Dinge, die uns glücklich und zufrieden machen, wie etwa ein Spaziergang in der Sonne, regelmäßige Meditation, Yoga und eine gesunde Ernährung.

Gesundheit wird in jeder Minute neu erzeugt

Damit wir nicht erst zu handeln beginnen, wenn wir bereits krank sind, heißt es schon frühzeitig darauf zu achten, wann unsere seelische Stimmung ins Schlingern gerät. Wir können dann im Alltag ganz einfach dagegensteuern – mit dem, was uns persönlich gut tut.

Leben ist ein Prozess, der einem ständigen Wandel unterworfen ist, und so sind auch Gesundheit und Krankheit nichts Statisches. Dass Wohlbefinden viel mit Achtsamkeit und Aufmerksamkeit für sich selbst sowie Körper, Geist und Seele zu tun hat, leben uns alte Menschen vor, die vor Vitalität strotzen: Sie erzeugen ihre Gesundheit stets und immer wieder neu. Sie kümmern sich um die Bedürfnisse ihrer Seele und ihres Körpers, ja haben dies immer getan! Dabei folgen sie keinem speziellen Rezept, sondern tun einfach das, was in Einklang mit den Gesetzmäßigkeiten ihres Lebens steht. Ein Wissen, das in einer immer lauter werdenden Welt zunehmend verloren gegangen ist. Ältere gesunde Menschen sorgen ganz selbstverständlich dafür, dass ihre Akkus immer rechtzeitig aufgeladen werden, womit sie zeigen, dass Gesundheit das Ergebnis eines individuellen Gleichgewichts aus Aktivität und Entspannung ist. Um die Seele munter zu halten und Verstimmungen erst gar nicht aufkommen zu lassen, gibt es verschiedene Möglichkeiten, die es zu entdecken gilt.

Wer gelernt hat, regelmäßig seine Batterien aufzuladen, bleibt auch im Alter fit und aktiv.

Sonne und Bewegung erheitern die Seele

Eine Stunde draußen in der Sonne kann wahre Wunder bewirken. Wir sind immer wieder aufs Neue überrascht, wie schnell die Stimmung aufhellt, sobald die Sonne scheint. Ganz nüchtern betrachtet liegt das an den so genannten »Glückshormonen«, die durch Sonnenlicht und Bewegung im menschlichen Körper aktiviert werden.

Als »Glückshormone« bezeichnet man im Körper gebildete Hormone, die sich neben ihrer Wirkung auf die Organe positiv auf die Stimmung des Menschen auswirken. Zu ihnen gehören unter anderen die Botenstoffe Serotonin und verschiedene Endorphine. Diese Stoffe werden unter dem Einfluss von UV-Strahlen vermehrt ausgeschüttet. Bei Menschen, die an Migräne und Depressionen leiden, ist der Serotonin-Spiegel meist bedeutend niedriger. Endorphine sind körpereigene, den Opiaten – rauscherzeugenden Mitteln wie beispielsweise Opium – vergleichbare Substanzen, die euphorisch machen und sowohl Schmerz als auch Hunger dämpfen. Schon eine halbe Stunde täglich im Freien bei hellem Sonnenlicht regt die Bildung dieser Stoffe an, vertreibt jede trübsinnige Stimmung und hilft auch einer Winterdepression vorzubeugen.
Welche Auswirkung das Licht auf unser Gemüt hat, zeigt sich auch daran, dass Menschen in Gegenden mit längerer Sonneneinstrahlung oft eine positivere Lebensgrundhaltung haben.

Nutzen Sie die positive Kraft von Sonne und Natur

Der einfachste Weg raus aus einem Tief führt in die Natur, etwa in den nahe gelegenen Park oder in den Wald. Meist genügt es schon, sich eine halbe Stunde auf eine Bank zu setzen, die Sonne zu genießen und seine Augen im Grün der Bäume und Wiesen zu baden. Ist der Wald zu weit weg und keine Grünanlage in der Nähe, kann es die Seele auch entspannen, wenn Sie sich in ein Straßencafé setzen, den vorbeischlendernden Passanten zusehen und einen Kaffee genießen.

Schwimmen ist nicht nur eine Wohltat für den Körper, auch die Seele kann dabei entspannen.

Eine ideale Kombination ist natürlich ein Spaziergang in der Sonne, denn Bewegung (siehe unten) verbessert die Stimmung ebenfalls enorm. Übrigens: Die UV-Strahlen der Sonne erreichen Sie auch bei bedecktem Himmel – die positive Wirkung ist zwar abgeschwächt, aber immer noch vorhanden. Aber was machen Sie, wenn die Sonne nicht scheint, es draußen richtig düster ist und die ersten Herbststürme ums Haus fegen? Dann bringen Sie Licht in Ihre Wohnung: Zünden Sie Kerzen an, so viele wie Sie möchten – auch das erheitert die Seele.

Bewegen Sie sich?

Regelmäßiges Ausdauertraining hat positive gesundheitliche Effekte auf Psyche und Seele, Stoffwechsel, Herz-Kreislauf-System, Knochen, Muskulatur und auf das Immunsystem. Insbesondere Sportarten wie Joggen, Spazierengehen, Wandern, Walking, Nordic Walking, Radfahren, Tanzen und Schwimmen bringen auf angenehme Weise in Schwung. Um einen nachhaltigen Effekt auf Gesundheit und Wohlbefinden zu erzielen, sollte die sportliche Bewegung drei- bis viermal pro Woche für mindestens 30 Minuten ausgeübt werden. Die körperliche Belastung darf dabei nicht zu hoch sein, damit Sie sich nicht überfordern. Sie sollten während der Bewegung locker atmen und sich unterhalten können. Wenn Sie über Ihre individuelle körperliche Belastbarkeit genau Bescheid wissen möchten, können Sie beim Arzt einen Fitness-Check machen und sich danach einen Trainingsplan erstellen lassen.

Regelmäßige Bewegung ist als wichtiger Baustein in der Gesundheitsvorsorge mittlerweile fest etabliert und anerkannt. Durch Sport fühlen wir uns wohler und ausgeglichener.

Ganz wichtig ist, dass Sie eine Sport- oder Bewegungsart wählen, die Ihnen Spaß macht und bei der Sie sich »pudelwohl« fühlen. Vereinfachen Sie sich den Einstieg in Ihr Fitnessprogramm, indem Sie alle Sportarten vermeiden, die lange Anfahrtswege brauchen oder bei denen hohe Kosten entstehen.

Befürchten Sie, allein nicht »in die Gänge zu kommen«, suchen Sie sich eine Gruppe. In allen größeren Städten und kleineren Orten können Sie mit anderen gemeinsam Sport treiben oder sich Lauftreffs anschließen. Angebote machen Volkshochschulen, Arztpraxen, Gesundheitszentren, Vereine, Studios, Tanzschulen, Apotheken und viele andere.

Yoga für eine ausgeglichene Stimmung

Yoga ist eine hervorragende Methode, um die Seele wieder ins Gleichgewicht zu bringen. Wenn wir Yoga in diese Hausapotheke aufnehmen, könnte das den Eindruck erwecken, dass man Yoga nur bei Bedarf einsetzt. Viele Menschen, die von sich behaupten, dass sie Yoga machen, praktizieren es tatsächlich nur einmal die Woche in ihrem Yoga-Kurs. Um es gleich vorwegzunehmen: Das ist zu wenig! Wenn Sie langfristig zu innerer Gelassenheit und Ruhe kommen möchten, dann gibt es nur eines: das tägliche Yoga-Programm.

Noch vor 25 Jahren gab es nur wenige Yoga-Lehrer, die Hatha-Yoga unterrichteten. Das hat sich mittlerweile geändert und es werden inzwischen viele weitere Yoga-Methoden angeboten, etwa Luna-Yoga, bei dem die Betonung der Übungen auf dem Becken liegt und das den weiblichen Zyklus harmonisieren kann, oder Power-Yoga, das mehr an Krafttraining und an Workout erinnert, als ein Weg zur Seelenbalance zu sein. Dennoch ist das traditionelle Hatha-Yoga bis heute die gebräuchlichste Yoga-Methode. Der Begriff Hatha kommt aus dem Sanskrit – die Silbe »ha« bedeutet Sonne, die Silbe »tha« Mond. Sonne steht für Bewusstsein, für die aktiven Kräfte des Menschen. Mond verbindet man mit dem Unbewussten, mit den passiven Kräften im Menschen, den Gefühlen und Träumen. Das sind zwei sehr gegensätzliche Pole, die schwer zusammenzubringen sind. Ein an Körper und Seele gesunder Mensch hat beide Kräfte in sich vereint und hält sie ständig im Gleichgewicht. Durch tägliche Yoga-Übungen, durch Meditation, bestimmte Atemtechniken, ausreichende Ruhephasen und eine ausgewogene, überwiegend vegetarische Ernährung können auch Sie Ihre bewussten und Ihre unbewussten Kräfte ausbalancieren. Der Denkfehler, den viele Menschen hierzulande beim Yoga machen, besteht darin, zu glauben, dass eine einmalige Übung schon große Veränderungen bewirkt. Yoga ist jedoch ein Weg, der sowohl auf körperlicher als auch seelischer Ebene zu einem bewussten und erfüllten Leben führt. Hinter dem Yoga steht eine

Tägliche Yoga-Übungen bringen Körper und Seele ins Gleichgewicht. Wenn Sie Yoga für Ihre Hausapotheke nutzen möchten, dann sollten Sie sich die ersten Male unbedingt von einem Yoga-Lehrer einweisen lassen oder einen Yoga-Kurs besuchen. Auch Selbstlernkurse mit Anleitungen auf Video oder CD helfen weiter.

eigene, spirituelle Weltanschauung, die Menschen aus den Industrienationen oft nur schwer nachvollziehen können. Allerdings müssen Sie kein spirituelles Leben führen, um die Kraft des Yoga für Ihre Seele zu nutzen. Machen Sie regelmäßig Ihre Übungen, und die positiven Wirkungen auf Ihren Körper und auf Ihre Seele stellen sich ein. Aber: Sie haben mehr Erfolg und vor allem mehr Lebenskraft, wenn Sie sich gleichzeitig für die spirituelle Dimension dieses Weges öffnen. Das kann auch von ganz allein geschehen, wenn Sie lange Zeit regelmäßig Yoga praktizieren.

Ist Yoga besser als Tai Chi oder Qi Gong?

Wenn wir in dieser Hausapotheke nur Yoga zum Ausgleich von seelischen Beschwerden aufgenommen haben, dann liegt das daran, dass wir selbst damit die meisten, auch eigenen Erfahrungen, besitzen. Wir wissen aber, dass sowohl Tai Chi als auch Qi Gong sowie weitere vergleichbare Techniken, dieselben positiven Auswirkungen auf Körper und Seele haben. Wenn Ihr Lebensweg Sie bereits mit Tai Chi oder Qi Gong in Berührung gebracht hat und es Ihnen hilft, dann bleiben Sie dabei und vertiefen Sie Ihre Übungen. Es ist nicht von Bedeutung, womit Sie Ihre Seele pflegen. Es ist wichtig, dass Ihnen Ihre Übungen gut tun und Sie sie regelmäßig und konzentriert durchführen.

Yoga-Übungen für die Seele

Wir haben in diesem Buch eine Reihe von Yoga-Übungen, Asanas genannt, zusammengestellt, die Sie auch als Anfänger gut ausführen können und die verhältnismäßig einfach sind. Sie sind natürlich vor allem dann für Sie hilfreich, wenn Sie Yoga schon kennen, vielleicht früher den einen oder anderen Kurs besucht haben. Frischen Sie Ihr Wissen auf und bauen Sie die Übungen ein, die Ihnen spontan zusagen. Alle Yoga-Übungen wirken auf die tiefer liegenden Muskeln und sorgen bei regelmäßiger Anwendung, für mehr Beweglichkeit und eine verbesserte körperliche sowie seelische Elastizität. Welche speziellen Wirkungen die einzelnen Übungen haben, steht bei den nachfolgenden Anleitungen.

Machen Sie Yoga nur in bequemer Kleidung – ein Jogginganzug oder ein Hausanzug sind ideal. Suchen Sie sich einen ruhigen Platz in Ihrer Wohnung – im Sommer kann es auch der Garten oder ein sonniger Balkon sein – und legen Sie eine kuschelige Decke oder eine Yoga-Matte als Unterlage auf den Boden.

Die richtige Atemtechnik – Pranayama

Bevor Sie mit den Übungen anfangen, wenden Sie Ihre Aufmerksamkeit zunächst Ihrer Atmung zu. Wenn Sie bislang keine oder nur wenig Erfahrungen mit Yoga, Meditation oder einer vergleichbaren Methode gemacht haben, dann atmen Sie vermutlich, wie die meisten Europäer, zu

Bei der Yoga-Atmung (siehe Seite 46) lassen Sie Ihren Atem in den Chi-Punkt unterhalb des Nabels und dann in Ihren Brustkorb strömen.

flach. Es bedarf einiger Übung, um so zu atmen, dass der Sauerstoff und die Atemenergie Ihren gesamten Organismus durchströmt. Im Yoga gibt es verschiedene Atemtechniken. Je nach Zielsetzung und Erfahrung dienen sie der Reinigung, der Beruhigung und Entspannung oder dazu, tiefere Bewusstseinszustände zu erlangen. Um die Seele in einem hektischen Alltag zur Ruhe zu bringen, ist die Yoga-Atmung geeignet. Etwas tiefer geht die Wechselatmung, die auch etwas schwieriger ist. Aber: Machen Sie sich beim Erlernen dieser Atemtechniken keinen Stress. Experimentieren Sie mit Ihrem Atem. Spüren Sie ihn zunächst einfach. Beobachten Sie, was er in Ihrem Körper und mit Ihrem Bewusstsein macht. Bleiben Sie gelassen, wenn Ihre Atemübungen und die Yoga-Übungen nicht auf Anhieb perfekt sind. Yoga ist, wie gesagt, ein Weg. Ein Weg, der zwar Disziplin, aber keinen Leistungsdruck erfordert.

Yoga-Atmung

Beginnen Sie Ihre Yoga-Übungen immer mit einigen Minuten Yoga-Atmung oder Wechselatmung. Die Konzentration auf die Übungen fällt Ihnen dann leichter.

Legen Sie sich auf eine Decke oder auf Ihre Yoga-Matte. Schließen Sie die Augen und legen Sie eine Hand auf den Bauch unterhalb des Nabels – auf den so genannten Chi-Punkt. Lassen Sie Ihre andere Hand auf Ihrem Brustkorb ruhen und atmen Sie einige Atemzüge »normal« durch die Nase. Atmen Sie dann langsam, ohne Anstrengung, tief ein. Dabei fließt die Atemluft in den Bauch und bläht ihn auf, das Zwerchfell senkt sich ab. Ziehen Sie die Luft nach oben in die Lungen, halten Sie diese Position kurz, ohne Anstrengung, und lassen Sie die Luft dann ganz sanft und langsam wieder nach unten, zum Becken hin, ausströmen. Dabei wird der Bauch wieder ganz flach. Mit Ihren Händen nehmen Sie das Heben und Senken von Bauch und Brust während der Atmung wahr.

Atmen Sie so einige Minuten und achten Sie darauf, zwischen Aus- und erneuter Einatmung ganz ohne Anstrengung eine kleine Pause einzulegen. Bitte nicht die Luft anhalten! Bereits nach wenigen Atemzügen spüren Sie, dass Sie entspannter sind.

Die Wechselatmung

Diese Atemtechnik hilft Ihnen ganz schnell, wenn Sie überdreht, überanstrengt und unkonzentriert sind. Sie erfordert ein wenig Übung, ist aber

sehr effektiv. Bei der Wechselatmung atmen Sie immer durch ein Nasenloch ein und durch das andere Nasenloch wieder aus. Dazu bedienen Sie sich einer bestimmten Handhaltung – dem Vishnu Mudra, bei dem Zeige- und Mittelfinger der rechten Hand fest in die Handinnenfläche geklemmt werden.
Setzen Sie sich mit aufrechtem Rücken im Lotus- oder Schneidersitz auf den Boden. Wenn Sie das nicht können, lassen Sie sich auf einem Stuhl mit möglichst gerader Lehne nieder. Die aufrechte Haltung ist besonders wichtig, da der Atem ansonsten nicht gut fließen kann. Probieren Sie es aus: Atmen Sie mit gebogenem und dann mit geradem Rücken und spüren Sie den Unterschied.
Wenn Sie eine möglichst aufrechte Position gefunden haben, schließen Sie die Augen und atmen Sie einige Male »normal« ein und aus. Schließen Sie dann mit dem Daumen der linken Hand das linke Nasenloch und atmen Sie durch das rechte tief, aber ohne Anstrengung, ein. Halten Sie beim Einatmen kurz inne, öffnen Sie derweil das linke Nasenloch und schließen Sie mit Ihrem linken kleinen Finger und dem Ringfinger das rechte Nasenloch. Atmen Sie nun ruhig und ohne Anstrengung durch das linke Nasenloch wieder aus. Atmen Sie anschließend durch das linke Nasenloch wieder ein, schließen Sie es dann mit dem Daumen und atmen Sie durch das rechte Nasenloch aus. Wiederholen Sie den gesamten Ablauf mehrere Male. Sie werden nach einiger Übung spüren, dass die Ausatmungsphase viel länger dauert als die Einatmungsphase. Im Idealfall ist sie doppelt so lang wie die Einatmungsphase. Nach einer der beiden oben vorgestellten Atemübungen können Sie mit den Asanas beginnen.

Bei der Wechselatmung atmen Sie abwechselnd durch das linke und das rechte Nasenloch.

Der Sonnengruß sorgt für mehr Fröhlichkeit. Er aktiviert den Stoffwechsel und regt den Kreislauf an. So kommen Sie morgens gut in Schwung und können wohlgemut in den Tag starten.

Fröhlich mit dem Sonnengruß

Der Sonnengruß gehört zu den Klassikern der Yoga-Übungen. Er besteht aus einer Abfolge von mehreren Übungen. Ideal ist es, wenn Sie ihn morgens ausführen, denn er wirkt sehr kreislaufaktivierend und hilft so vor allem Menschen, die morgens mit einem niedrigen Blutdruck zu kämpfen haben. Da es sich beim Sonnengruß um eine harmonische Abfolge von aufeinander abgestimmten Übungen handelt, ist es sinnvoll, diese insgesamt durchzuführen. Sie können sich aber auch einzelne Übungen aus dem Sonnengruß herauspicken und nur diese machen, wenn Ihnen das mehr zusagt.

› **Der Berg** ist die Ausgangsstellung für alle Übungen, die im Stehen beginnen. Stellen Sie sich aufrecht hin. Halten Sie die Füße geschlossen und richten Sie Ihre Wirbelsäule auf. Atmen Sie tief in den Brustkorb ein und aus. Führen Sie im nächsten Schritt Ihre Hände vor den Brustkorb. Pressen Sie sie aneinander, dabei atmen Sie ein. Strecken Sie die Arme über den Kopf und atmen aus. **1.**

› Gehen Sie nun in die **Vorwärtsbeuge**, indem Sie die Arme beim Ausatmen absenken. Dabei geht Ihr gesamter Oberkörper mit, bis Ihr Kopf die Knie berührt. Die Hände legen Sie neben die Füße flach auf den Boden. Sollte die Spannung in den Beinen zu stark werden, können Sie die Knie leicht beugen. **2.**

› Aus dieser Position heraus machen Sie mit dem rechten Bein einen großen **Ausfallschritt** nach vorn, das Knie sollte sich dabei in etwa über dem Mittelfuß befinden. Die Hände setzen Sie neben die Füße flach auf den Boden und das linke Bein strecken Sie durch. Achten Sie darauf, dass Sie den Oberkörper nicht auf dem rechten Bein ablegen und dass Sie Ihren Rücken nicht rund machen. **3.**

› Für den **Zwischenschritt** setzen Sie das linke Knie auf den Boden und richten den Rumpf auf. Dabei heben Sie die Arme über den Kopf und bringen die Handflächen zusammen. Den Kopf legen Sie leicht in den Nacken. Aus dieser Position heraus stellen Sie das rechte Knie neben das linke. Sie knien nun auf dem Boden, während Rumpf, Oberkörper, Kopf und Arme nach oben gestreckt sind und eine Linie ergeben. Ihr Nacken stellt dabei eine Verlängerung der Wirbelsäule dar. **4.**

› Nun beugen Sie die Arme und setzen sie wie bei einer **Liegestütze** auf den Boden. Dabei kommt Ihr Oberkörper in die Waagerechte. Diese Position halten Sie fünf Atemzüge lang und fahren dann mit der nächsten Übung fort. **5.**

› **Kobrahaltung:** Nun legen Sie sich auf den Bauch und stützen die Hände auf Höhe der Brust auf dem Boden ab. Mit einem tiefen Atemzug ziehen Sie Ihren gesamten Körper nach vorn, dann heben Sie langsam den Oberköper nach vorn und oben bis die unteren Rippen den Boden gerade noch berühren. Legen Sie den Kopf weich in den Nacken. **6.**

5.

6.

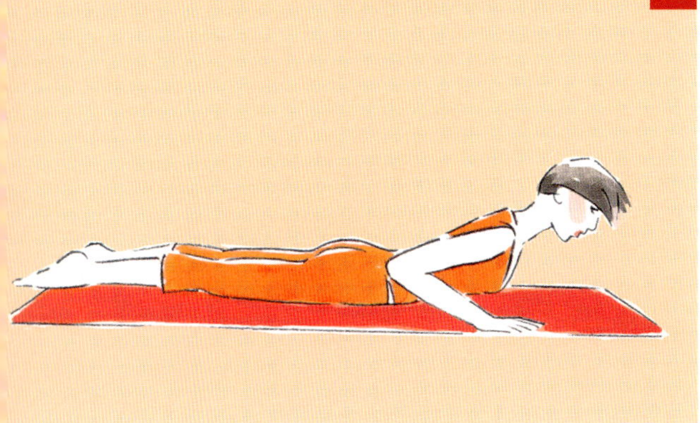

› Sie lösen sich aus der Kobrahaltung, indem Sie die Hände weit neben Ihren Oberkörper stellen. Dann heben Sie Ihren gesamten Köper langsam an, bis Sie im Vierfüßlerstand sind. Dabei achten Sie besonders darauf, dass Sie nicht ins Hohlkreuz gehen. Beim Ausatmen schieben Sie Ihr Gesäß nach oben und verlagern Ihr Gewicht nach hinten. In kleinen Schritten bringen Sie nun Ihre Hände etwas näher an den Körper heran, so lange bis der Körper zusammen mit dem Boden ein Dreieck bildet. Achten Sie darauf, Ihren Kopf möglichst gesenkt zu halten. Strecken Sie ihn auf keinen Fall nach oben. Ihr Nacken soll wieder eine Linie mit Ihrer Wirbelsäule bilden. Zuletzt senken Sie Ihre Fersen. Bleiben Sie drei Atemzüge lang in dieser so genannten **Hundhaltung**. **7.**

› Gehen Sie zurück in den Ausfallschritt, indem Sie beim Einatmen Ihren linken Fuß zwischen die Hände stellen und Ihr rechtes Knie auf den Boden absenken.

› Für den nächsten **Zwischenschritt** atmen Sie aus und stellen den rechten Fuß zwischen Ihre Arme. Dann einatmen und mit gebeugten Knien und geradem Oberkörper aufrichten. **8.**

› Wenn Sie aufrecht stehen, strecken Sie die Arme weit nach oben. Diese Position halten Sie einige Atemzüge lang, lassen bei einem Ausatem die Arme sinken und gehen zurück in die Berghaltung. Bleiben Sie einige Atemzüge in dieser Position und lösen Sie sie dann auf.

› Sonnengruß noch zweimal wiederholen.

Wenn Sie diese Übungsabfolge regelmäßig jeden Morgen machen, schenkt sie Ihnen Kraft und Energie – Sie starten dann voller Tatendrang in den Tag. Außerdem streckt der Sonnengruß alle Glieder und Muskeln, dehnt die Bänder und Sehnen. Führen Sie die aufeinander folgenden Übungen so aus, dass Sie sich dabei nicht überanstrengen. Atmen Sie möglichst ruhig und regelmäßig. Am Anfang ist es noch schwierig, etwa bei der Vorwärtsbeuge mit dem Kopf die Knie zu berühren oder die Hände ganz flach neben die Füße auf den Boden zu legen. Haben Sie Geduld: Je öfter Sie den Sonnengruß durchführen, umso geschmeidiger und beweglicher werden Sie. Zwingen Sie Ihren Körper nicht zu Bewegungen, für die er noch nicht bereit ist. Beugen Sie den Kopf nur so weit wie möglich, und es ist völlig in Ordnung, wenn Ihre Beine leicht gebeugt sind und zunächst nur Ihre Fingerspitzen den Boden berühren.

7.

8.

Übungen für seelische Stabilität

Der Berg – bringt die Energie zum Fließen und stärkt die innere Haltung

Siehe Beschreibung und Bild Seite 48.

Der Baum – sich fest verwurzelt fühlen

Die Baumhaltung stärkt Ihr Gleichgewichtsgefühl und Ihre Beinmuskulatur. Sie gibt Ihnen die nötige Stabilität, um einen turbulenten Tag gut durchzustehen.

› Ausgangsposition, wie für alle Yoga-Übungen, die im Stehen beginnen, ist die Berghaltung (siehe Beschreibung und Bild Seite 48). Heben Sie anschließend das rechte Bein und winkeln Sie es langsam an, sodass die Fußfläche oberhalb der Innenseite des linken Knies zum Aufliegen kommt. Führen Sie nun die Hände vor den Brustkorb und legen Sie die Handflächen fest aneinander, ohne dass Sie dabei die Schultern hochziehen.

› Strecken Sie nun die Hände langsam über den Kopf und atmen Sie mehrere Atemzüge lang tief ein und aus. **1.**

› Wiederholen Sie diese Übung mit dem linken Bein.

Wenn Sie mit den gestreckten Armen über dem Kopf Ihr Gleichgewicht nicht halten können, dann sollten Sie die ersten Tage die Übung in der einfacheren Variante ausführen: Lassen Sie die Hände vor dem Brustkorb.

Übungen für Ruhe und Ausgeglichenheit

Der Embryo – für Geborgenheit

Wenn Sie sich häufig zu wenig geborgen fühlen, kann es hilfreich sein, die Embryo-Übung in Ihr tägliches Yoga-Programm mit aufzunehmen.

› Knien Sie sich auf den Boden und setzen Sie sich auf Ihre Fersen. Nachdem Sie tief in den Brustraum eingeatmet haben, lassen Sie beim Ausatmen alle Spannungen los. Während des nächsten Einatmens schließen Sie die Augen und lassen die Luft in den Bauch hineinfließen. Atmen Sie kräftig aus und lassen Sie alle Blockaden ziehen. **1.**

› Nun stützen Sie die Hände vor den Knien ab und lassen den Oberkörper auf die Oberschenkel sinken. Die Beine halten Sie dabei geschlossen. Den Kopf führen Sie Richtung Boden, bis Sie diesen mit der Stirn berühren. Wenn es für Sie bequemer ist, legen Sie sich ein Kissen unter die Stirn. Nehmen Sie dann die Arme nach hinten und legen Sie sie neben dem Körper ab, die Handflächen zeigen dabei nach oben. **2.**

› In dieser Haltung machen Sie fünf bis sechs intensive Atemzüge und halten die Augen dabei geschlossen. Konzentrieren Sie sich dabei besonders auf das Ausatmen. Gehen Sie dann langsam in den Fersensitz zurück. Die Übung ein- bis zweimal wiederholen.

1.

2.

Der Engel – für eine heitere Stimmung

Diese Übung hebt die Stimmung und entspannt den Schulterbereich und den Brustkorb.

› Bei dieser Übung stehen Sie aufrecht, die Füße hüftbreit auseinander und halten den Rücken gerade. Nun strecken Sie die Beine durch, verschränken die Arme hinter dem Rücken und strecken die Arme durch. Wenn es Ihnen anfangs schwer fällt, die Übung mit durchgestreckten Beinen auszuführen, können Sie die Beine auch leicht oder stärker beugen. **1.**

› Neigen Sie nun den Oberkörper aus der Hüfte heraus gerade nach vorn. Die Arme, die sich dabei vom Oberkörper entfernen, ziehen Sie gleichzeitig langsam und so weit wie möglich Richtung Decke oder, wenn möglich, weiter nach vorn. Atmen Sie dabei aus. **2.**

› Sollte die Dehnung in Ihren Beinen zu stark werden, können Sie die Knie auch in dieser Position weiter leicht beugen. Wichtig ist, dass Sie den Rücken gerade halten und gleichmäßig atmen. Nach fünf Atemzügen legen Sie die Hände wieder an den Rücken und richten den Oberkörper langsam auf. Wiederholen Sie diese Übung zwei- bis dreimal, sobald Sie die Engelhaltung ohne starke Anspannung der Beinmuskulatur gut fünf Atemzüge halten können.

Das Boot – verbessert die Wahrnehmung/Achtsamkeit

Diese Übung macht aufmerksamer sowie wachsamer und kräftigt nebenbei die Bauchmuskulatur. Sie wirkt sich auch positiv aus bei Blähungen und anderen Magen-Darm-Beschwerden.

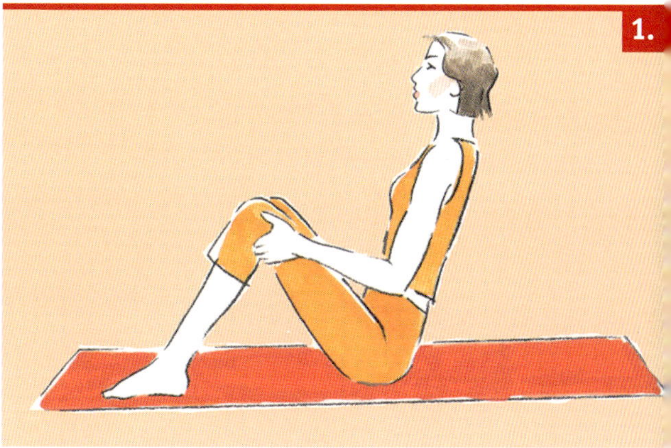

› Setzen Sie sich gerade auf den Boden und winkeln Sie die Beine an. Die Füße stellen Sie dabei flach auf. Nun legen Sie die Hände auf die Knie und richten den Rücken auf. Atmen Sie ein. **1.**

› Beim Ausatmen spannen Sie die Bauch- und Rückenmuskulatur an und neigen den Oberkörper aus der Hüfte heraus gerade nach hinten, bis die Arme ganz gestreckt sind. Halten Sie die Position einen Atemzug lang.

› Bei der nächsten Einatmung: Halten Sie Ihre Arme in der Luft – parallel zum Boden etwa auf Kniehöhe. Lehnen Sie den Oberkörper weiter nach hinten und schieben Sie dabei das Brustbein vor. Der Rücken sollte dabei gerade bleiben.

› Bei der nächsten Ausatmung: Die Füße vom Boden heben und in eine Balance kommen. Wenn Sie die Balance gefunden haben, können Sie die Beine gerade ausstrecken und die Position zwei bis drei Atemzüge halten. **2.**

› Die Füße wieder aufstellen und die Position lösen. Übung ein- bis zweimal wiederholen.

Achten Sie darauf, dass Ihr Rücken während der Übung gerade bleibt.

Fällt es Ihnen anfangs schwer, den Rücken aufrecht zu halten, machen Sie die Übung nur einmal und halten Sie die Stellung nicht länger als einen Atemzug.

Die Seitenbrücke – für mehr Lebenslust

Diese Übung sorgt für einen fröhlichen Start in den Tag, macht das Becken beweglicher und dehnt die Taille.

› Setzen Sie sich auf den Boden und spannen Sie Bauch- und Rückenmuskulatur leicht an. Den Kopf halten Sie gerade, den Bauchnabel ziehen Sie nach innen und in Richtung Rippen nach oben. Halten Sie den Rücken dabei gerade und grätschen Sie die Beine.

› Nun winkeln Sie das linke Bein so weit wie möglich nach innen und drücken das Knie in Richtung Boden. Drehen Sie die rechte Hüfte leicht auswärts und drücken Sie das rechte Bein auf den Boden. Dabei atmen Sie ein. **1.**

› Strecken Sie den linken Arm zur Seite aus und schieben Sie die rechte Hand vor dem rechten Oberschenkel in Richtung Fuß. Neigen Sie den Oberkörper nach rechts und führen Sie den rechten Arm in einem weiten Bogen über den Kopf. Atmen Sie dabei aus. **2.**

› Nun blicken Sie nach oben und ziehen mit dem linken Arm noch etwas mehr. Diese Position halten Sie etwa drei Atemzüge lang, dann richten Sie Ihren Oberkörper aus der Rechtsbeuge langsam wieder auf. Wiederholen Sie die Übung auf der anderen Seite und dann den gesamten Ablauf noch ein- bis zweimal.

Der Schmetterling – gelöste Freude

Diese Übung hilft, gelassen und entspannt dem Tag entgegenzugehen. Außerdem dehnt sie die Hüften und die Innenseiten der Schenkel.

› Legen Sie sich mit dem Rücken flach auf den Boden und stellen Sie die Füße auf. Während Sie einatmen, entspannen Sie Ihren Rücken. Nun legen Sie Ihre Hände auf den Bauch und atmen aus. Wiederholen Sie das Ein- und Ausatmen und lassen Sie dabei den Atem tief in den Bauch fließen. **1.**

› Nun spannen Sie die Bauchmuskeln leicht an, kippen die Knie langsam zu den Seiten und legen die Fußsohlen aneinander. Bringen Sie die Knie so weit zum Boden, bis Sie eine schöne Dehnung an den Innenschenkeln spüren. **2.** Dabei ist es wichtig, nicht ins Hohlkreuz zu kippen. Halten Sie diese Position fünf Atemzüge lang und lösen Sie sie dann langsam. Übung noch ein- bis zweimal wiederholen.

Wichtig ist, dass die Schultern bei dieser Übung fest auf dem Boden ruhen. Nachdem Sie die Fußsohlen aneinander gelegt haben und versuchen, die Knie so weit wie möglich auf den Boden zu bringen, achten Sie bitte darauf, sich nicht zu überdehnen. Keine Yoga-Übung sollte die Schmerzgrenze übersteigen. Tut Ihnen etwas weh, gehen Sie gerade so weit wieder aus der Haltung heraus, dass Sie schmerzfrei einige Atemzüge lang in dieser Übung verharren können. Durch das tägliche Üben dehnen Sie im Lauf der Zeit Ihre Bänder so weit, dass Sie alle hier vorgestellten Yoga-Haltungen besser beherrschen.

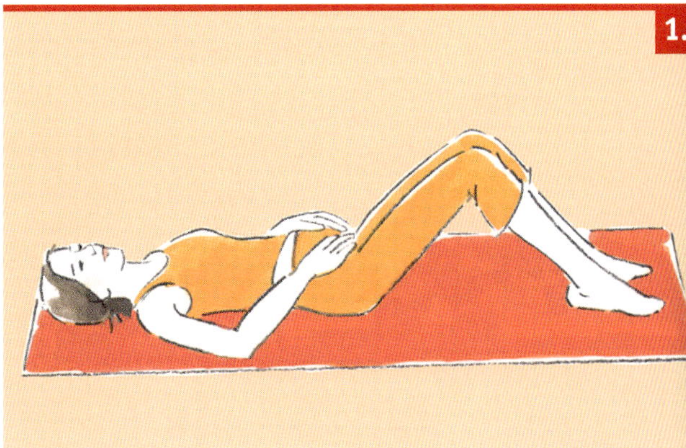

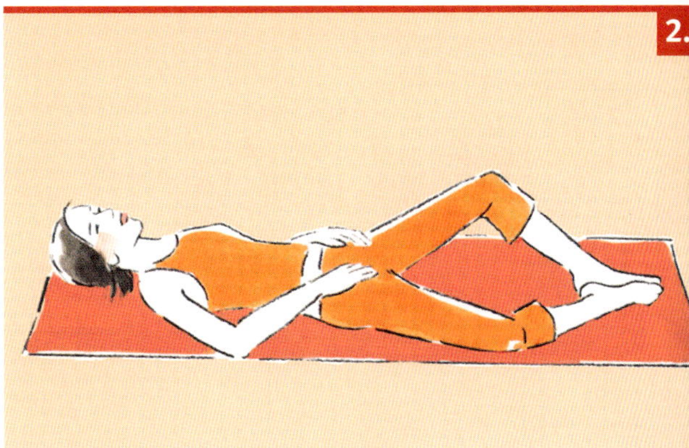

Meditation hält die Seele in Balance

Unter Meditation versteht man die geistige Versenkung in tiefere Bewusstseinsebenen. Vorausgesetzt, man praktiziert sie regelmäßig. Yoga und Meditation sind von ihrem Ursprung her nicht voneinander zu trennen. In Kulturen, in denen diese Techniken praktiziert werden, führen die Menschen zunächst ihre morgendlichen Yoga-Übungen durch und meditieren danach – bis zu mehreren Stunden am Tag. Dem brauchen Sie nicht nachzueifern: 20 bis 30 Minuten täglich reichen schon völlig aus.

Yoga und Meditation stehen in engem Zusammenhang mit dem Ayurveda, der aus Indien stammenden Gesundheitslehre. In den vergangenen Jahren hat Ayurveda große Beliebtheit erlangt. Für viele Menschen bedeutet es in erster Linie, sich eine ayurvedische Wellness-Massage geben zu lassen und zu relaxen – Ayurveda umfasst jedoch ursprünglich die gesamte Lebensführung. Vergleichbar mit der Traditionellen Chinesischen Medizin, ist die Behandlung von Krankheiten nur ein Teil der Gesundheitslehre. Als unverzichtbare Bestandteile dieser Lehre gelten auch eine vorbildliche Lebensführung, die Ernährung, die Bewegung, der Umgang mit den Mitmenschen, Yoga und Meditation.

Meditation ist ein einfacher Weg, um völlig abzuschalten und den Geist zu beruhigen.

Die Wirkung von Meditation

Zahlreiche Untersuchungen belegen, wie tief greifend Meditation auf den gesamten Menschen wirkt. Meditation scheint die inneren Organe zu beruhigen und auszubalancieren. Das wirkt sich besonders auf den Stoffwechsel aus. Menschen, die regelmäßig meditieren, leiden seltener an Diabetes und Bluthochdruck, das Risiko für Herz-Kreislauf-Erkrankungen sinkt. Auch Menschen mit Übergewicht und bereits bestehender Blutdruckerhöhung profitieren vom Meditieren. Tägliche Meditationszeiten von 20 Minuten, etwa 16 Wochen lang durchgeführt, beeinflussen das vegetative Nervensystem positiv, wirken beruhigend, entspannend und lindern Stress.

Richtig meditieren – gar nicht so schwer

Suchen Sie sich einen Platz in Ihrer Wohnung, an dem Sie für die nächsten 30 Minuten nicht gestört werden.
Setzen Sie sich im Lotussitz oder im Schneidersitz auf den Boden und achten Sie darauf, Ihre Wirbelsäule aufrecht zu halten. Können Sie das nicht, lassen Sie sich auf einem Stuhl mit Rückenlehne nieder.
Schließen Sie die Augen und lassen Sie geschehen, was geschieht. Lassen Sie Ihre Gedanken kommen und gehen. Atmen Sie dabei langsam und regelmäßig tief in den Bauch ein und aus. Sie werden schnell feststellen, dass es zunächst nicht möglich ist, die Gedankenflut loszulassen. Das ist völlig normal, wenn Sie die ersten Male meditieren. Zwingen Sie sich nicht dazu, nichts zu denken. Das funktioniert nicht. Je mehr Sie versuchen, nichts zu denken, umso mehr denken Sie. Meditieren versetzt Sie in einen anderen Bewusstseinszustand, der nicht manipulierbar ist. Sie erreichen ihn durch Loslassen. Und Loslassen beginnt mit »Zulassen«. Sie lassen Ihre Gedanken zu. Aber Sie halten sie nicht fest. Akzeptieren Sie, was geschieht – egal, ob Sie danach meinen, »richtig« meditiert zu haben oder nicht. Sie werden sich anschließend in jedem Fall innerlich befreiter fühlen und den Zustand, den Sie in der Meditation erlebt haben, immer wieder anstreben.
Wenn Sie das Gefühl haben, wieder aus der Meditation herauskommen zu wollen – nach 10, 15 oder 30 Minuten – dann bleiben Sie noch einige Minuten mit geschlossenen Augen sitzen und spüren Sie nach, um wieder »aufzuwachen«. Sehen Sie dabei aber nicht auf die Uhr. Die Zeitangabe soll nur ein Anhaltspunkt für Sie sein. Sollten Sie sich beim Meditieren verspannen, kann das daran liegen, dass Sie »krampfhaft« versuchen, möglichst ruhig und unbeweglich zu sitzen.
Unser Tipp: Machen Sie es wie die Katzen. Katzen sitzen immer völlig entspannt. Wenn Sie jedoch genauer hinschauen, dann stellen Sie fest, dass sie immer in leichter Bewegung sind. Sie kreisen ständig ein wenig um ihre Wirbelsäule. Machen Sie es ihnen nach und lassen Sie während der Meditation Ihre Wirbelsäule minimal und ganz sanft vom Becken aus rotieren.
Noch detailliertere Anleitungen zum Meditieren finden Sie in guten Meditationsbüchern (siehe Bücher, die weiterhelfen, Seite 191). Und denken Sie daran: Meditieren ist wie Yoga ein Weg, der durch die tägliche Übung vollkommener wird.

Die richtige Ernährung für die Seele

Kann eine Ernährungsumstellung aus dem Seelentief herausführen? Keine Frage, eine gesunde Lebensweise, zu der auch eine ausgewogene Ernährung gehört, trägt wesentlich zum seelischen Wohlbefinden bei. Im Vordergrund steht dabei eine vitalstoffreiche Kost mit viel Obst und Gemüse. Unsere Nahrung versorgt uns nicht nur mit Kohlenhydraten, Fett, Eiweiß, Vitaminen und Mineralien, sie liefert uns auch so genannte Botenstoffe, die unsere Stimmung beeinflussen.

Diese Botenstoffe, auch Glückshormone (siehe Seite 41) genannt, sind vor allem enthalten in: Ananas, Bananen, Kiwis, Melonen, Auberginen, Tomaten, Cashewkernen und Nüssen. Untersuchungen haben ergeben, dass Menschen, die sich überwiegend vegetarisch ernähren, einen höheren Serotoningehalt im Blut aufweisen und dadurch ein geringeres Risiko haben, depressiv zu werden. Bedenken Sie aber bitte, dass der Ernährung in diesem Fall vor allem eine unterstützende Funktion zukommt. Sie können durch eine ausgewogene Ernährung, die viel Frischkost, vor allem Obst und Gemüse enthält, einen wesentlichen Beitrag zu Ihrer Gesundheit leisten. Das trifft insbesondere dann zu, wenn es darum geht, Gesundheitsprävention zu betreiben. Wenn Sie allerdings große seelische Probleme haben, die eine grundlegende Änderung Ihrer Lebenshaltung erfordern, dann genügt es nicht, vermehrt Cashewkerne oder Mandeln zu knabbern und zu hoffen, dass die Glückshormone Ihr Problem aus der Welt schaffen.

Für Entspannung und gesunden Schlaf

Omega-3-Fettsäuren machen vor allem wegen ihrer gefäßschützenden Wirkung auf sich aufmerksam. Was wenige wissen, ist, dass sie auch entspannend wirken. Omega-3-Fettsäuren sind vor allem in Lachs und anderen Fischarten enthalten. Auch Leinöl, ein sehr hochwertiges Öl mit mehrfach ungesättigten Fettsäuren, enthält Omega-3-Fettsäuren.
Für einen gesunden Schlaf haben sich Datteln bewährt. Wenn Sie nicht gut einschlafen können, dann essen Sie vor dem Zubettgehen einfach ei-

nige frische oder getrocknete Datteln. Denken Sie auch daran, dass es für eine erholsame Nachtruhe sehr wichtig ist, spätabends keine schwer verdaulichen Nahrungsmittel mehr zu sich zu nehmen. Ein Essen im Restaurant mit Fisch, Fleisch, Nudeln, Dessert und Wein beschäftigt Ihre Leber und Ihren Darm nachts so sehr mit der Verdauungsarbeit, dass Sie nicht entspannt schlafen können.

Nicht nur das Was, auch das Wie zählt

Wie und in welcher Umgebung Sie essen, beeinflusst ebenfalls Ihre seelische Verfassung. So kann ein Menü mit vier Gängen, von einem mürrischen Kellner unfreundlich serviert, zwar durchaus satt machen, aber unser Wohlbefinden erheblich beeinträchtigen. Ein frisches Baguette, etwas Käse, Oliven und Rotwein irgendwo an einem Strand in Südfrankreich bei Sonnenuntergang schmecken besser als jedes Gourmetmenü. Das Auge und die Seele essen immer mit. Nehmen Sie Ihre Mahlzeit also nie schlecht gelaunt zu sich und schlingen Sie sie auch nicht hektisch herunter: Das bekommt weder Ihrer Seele noch Ihrem Verdauungsapparat, der mit Blähungen und anderen Verdauungsstörungen reagieren kann. Deshalb sind neben genussvollem auch langsames, konzentriertes Essen sowie gründliches Kauen wichtig. Essen und Trinken sollten immer ein wenig zelebriert werden, selbst dann, wenn Sie am Morgen nur einen frischen Obstsalat oder am Abend eine Tasse Kräutertee zu sich nehmen. Selbst eine schlichte Tasse Kräutertee schmeckt viel besser, wenn sie zum Beispiel bei sanftem Kerzenlicht getrunken wird, man sich dabei gemütlich in eine Kuscheldecke hüllt und ein gutes Buch liest oder sich mit einem netten Gesprächspartner austauscht.

An einem schön gedeckten Tisch zu essen trägt zum seelischen Wohlbefinden bei.

Was tun bei Seelen-Blues?

Und wenn Sie sich noch so sehr bemühen: Nicht immer lässt sich der Seelen-Blues vermeiden. Wie oft geschieht es, dass an einem Tag gleich mehrere unangenehme Ereignisse zusammentreffen: Sie haben einen Strafzettel bekommen, Krach mit dem Partner, Ihr Urlaub wurde nicht genehmigt und es regnet seit Tagen. Dann kommt er auf leisen Sohlen angetappt – der Seelen-Blues.

Wenn Sie den Seelen-Check (siehe Seite 27) gemacht haben, dann wissen Sie womöglich schon, was Ihre Seele braucht, um wieder heiter zu werden. Wenn ein Seelentief Sie jedoch eiskalt erwischt hat und Sie komplett ratlos sind, dann finden Sie hier einige Tipps, um Ihre Seele zu erfreuen.

Cocooning – Sprechstunde für die Seele

Cocooning, also sich in die eigenen vier Wände zurückzuziehen oder »sich einigeln«, kann für Ihre Seele wie ein sehr erholsamer Urlaub wirken. Diese zeitweilige Abgeschiedenheit und Ruhe, in der Sie einmal vollkommen abschalten und die »Welt« draußen vor der Tür lassen, ist für Ihre Seele der reinste Jungbrunnen. Sie werden sehen, ohne den herkömmlichen Stress und den Lärm des Alltags, die vielen Infos und Bilder, die tagtäglich auf Sie einströmen, öffnet sich ein Raum der Stille. Dort können Sie Ihrer Seele begegnen – ihr eine Sprechstunde gewähren. Auch Cocooning will geübt sein: Vielleicht reservieren Sie sich anfangs ganz gezielt einen bestimmten Zeitraum an einem Wochentag Ihrer Wahl. Ziehen Sie sich auf diese kleine Zeitinsel zurück und sagen Sie auch Ihrem Partner oder Ihrer Familie Bescheid, dass Sie nicht gestört werden wollen. Stellen Sie klar, dass Sie keine Telefongespräche entgegennehmen und nicht an die Tür gehen werden. Sorgen Sie rechtzeitig dafür, dass Ihnen keine anderen drängenden Aufgaben im Nacken sitzen, seien es Haushaltsaktionen wie Bügeln, Waschen, Einkaufen und Gartenarbeit oder Büroarbeiten. Entspannen Sie und hören Sie zu, was Ihre Seele Ihnen sagen will. Vielleicht mögen Sie es aufschreiben oder ein Bild malen, dann legen Sie entsprechendes Material bereit.

Weitere Tipps gegen Seelen-Blues

TIPP

1. Wann immer es möglich ist, nehmen Sie sich Zeit: Beginnen Sie den Tag, indem Sie Ihrer Seele sagen: »Heute sorge ich dafür, dass es mir gut geht. Ich gehe jedem Stress aus dem Weg.«

2. Sagen Sie, wenn irgend möglich, alles ab, was Sie an diesem Tag vorhatten.

3. Bereiten Sie sich ein Frühstück, das Ihren Körper und Ihre Seele nährt – auch frisches Obst, einen frisch gepressten Saft oder ein selbst zubereitetes Müsli. Vielleicht brauchen Sie heute aber eher ein knuspriges Croissant und einen Milchkaffee, damit sich Ihre Seele wieder wohl fühlen kann.

4. Machen Sie am Vormittag etwa eine halbe Stunde Yoga, Tai Chi oder Qi Gong mit anschließender Meditation. Als Yoga-Übung bei Seelen-Blues eignet sich vor allem die Embryo-Haltung (siehe Seite 53). Auch ein ausgedehnter Morgenspaziergang im Wald oder in einem Park erheitert die Seele. Mit passender Kleidung ist übrigens auch ein Spaziergang im Regen ein schönes Erlebnis, das wohltuend auf die Seele wirkt.

5. Machen Sie danach »Seeleninventur« (siehe Seite 28).

6. Gestalten Sie den Rest des Tages so, wie Ihre Seele sich am wohlsten fühlt. Das kann ein Wellness-Erlebnis zu Hause mit einem schönen Rosenölbad sein, oder Sie gehen in ein Thermalbad mit angeschlossener Sauna. Auch eine Aromaölmassage mit Rosenöl tut der Seele gut.

7. Fragen Sie sich, ob Ihre Seele Menschen um sich haben möchte oder ob ihr mehr nach Alleinsein ist. Ist Letzteres der Fall, können Sie es sich zu Hause auf der Couch gemütlich machen, eine Kerze anzünden und zum Beispiel ein Buch lesen, das Ihre Laune verbessert. Absolutes »No Go« für diesen Tag: Alles, was Sie belastet, verdrießt, ärgert, traurig oder wütend macht.

8. Keine Zeit für einen freien Tag? Dann schaffen Sie sich mit einem kleinen »Tagtraum« Ihre Insel im Arbeitstag: Ziehen Sie sich in eine ruhige Ecke zurück, schließen Sie die Augen und stellen Sie sich vor, Sie wären an einem Ort, an dem Sie sehr glücklich sind. Das kann ein Urlaubsort sein oder ein Ort, an dem Sie schon einmal waren. Es kann auch ein Platz sein, den es nur in Ihrer Vorstellung gibt. Geben Sie sich dem Glücksgefühl, das Sie in Verbindung mit dieser Vorstellung empfinden, ganz hin. Schon nach wenigen Minuten werden Sie feststellen, wie erfrischt Sie sich fühlen.

Heilmittel für die Seele

Was darf in einer Hausapotheke für die Seele nicht fehlen? Mittel wie Heilpflanzen, Aromatherapie, Homöopathie, Schüßler-Salze oder Bach-Blüten, die zwischen Leib und Seele vermitteln. Ihrer Seele ist es einerlei, durch welche der Anwendungen sie wieder in Balance kommt. Wichtig ist, dass Sie das auswählen, was Ihnen ein gutes Gefühl gibt.

Heilpflanzen für die Seele

Gegen jede Krankheit ist ein Kraut gewachsen, heißt es so schön. Auch seelische Befindlichkeitsstörungen lassen sich mit Heilpflanzen beheben. Die Therapie mit Heilpflanzen – die Phytotherapie – gehört zu den ältesten Heilverfahren der Menschheit. Ob als Tee, Umschlag, Tropfen, Tablette, zum Einreiben oder in der Aromatherapie – Heilpflanzen haben bis heute nichts von ihrer Popularität eingebüßt. Und das zu Recht. Bei sorgfältiger und richtiger Verwendung sind sie ungefährlich, preisgünstig und optimal wirksam.

»Phytotherapie« heißt so viel wie Pflanzenheilkunde und ist eine Therapie, bei der Heilpflanzen und/oder deren Auszüge zum Einsatz kommen. Auch die Aromatherapie wird im weitesten Sinn dazugezählt. Mit Pflanzen werden überall Krankheiten behandelt. Dafür gibt es Belege aus allen Teilen der Welt und Kulturen. Verwendet werden je nach Pflanze Blätter, Blüten, Früchte, Stängel, Wurzeln, Wurzelstöcke oder Samen. Daraus werden Abkochungen (Tees), Tinkturen (Auszüge mit Alkohol), Pasten für Umschläge oder Öle hergestellt. In den vergangenen Jahren erforschten Wissenschaftler die Wirkungen von zahlreichen Heilpflanzen, und ihre Studien und Analysen bestätigten, was darüber von Heilkundigen und Naturforschern aus vergangenen Zeiten überliefert ist.

Phytotherapie, die Behandlung von Krankheiten mit Heilpflanzen, gehört zu den ältesten Heilverfahren der Menschheit. Die Wirkung der Heilpflanzen erstreckt sich nicht nur auf körperliche Beschwerden. Sie hilft auch der Seele, wieder in Balance zu kommen.

Zarte Pflanzen – starke Wirkung

Der Pflanzenheilkunde eilt der Ruf voraus, sie sei stets sanft und unschädlich – das stimmt so nicht. Jede Heilpflanze hat eine oder mehrere spezielle Wirkweisen und kann überdosiert werden, einige können sogar bereits in kleinen Mengen giftig sein. Die Natur bringt viele Heilpflanzen, aber auch viele Giftpflanzen hervor – denken Sie nur an Fingerhut, Maiglöckchen, Eisenhut oder an die Tollkirsche. Einige dieser Pflanzen sind Ausgangsstoffe für heute synthetisch hergestellte stark wirksame Arzneimittel: So wurden herzwirksame Digitalis-

präparate ursprünglich aus dem Fingerhut gewonnen. Viele Pflanzen, auch Giftpflanzen, finden in der Homöopathie Verwendung. Der giftige Eisenhut (Aconitum) sowie die giftige Tollkirsche (Belladonna) sind homöopathische Akutmittel und helfen, in einem Fall Erwachsenen, im anderen Kindern, gegen fiebrige Erkältungen.
Wenn Sie Heilpflanzen anwenden möchten, beschränken Sie sich auf geprüfte und in der Apotheke erhältliche Heilpflanzen, daraus hergestellte Fertigpräparate und Tees. Nur diese unterliegen strengen Kontrollen. Produkte, die Sie aus dem Internet oder auf Messen beziehen können, entziehen sich in der Regel diesem Kontrollsystem. Eine Ausnahme bilden ätherische Öle für die Duftlampe, doch auch da sollten Sie darauf achten, echte Öle und keine synthetischen zu bekommen. Die Naturheilkunde erfreut sich zunehmend größerer Beliebtheit. Das ist einerseits sehr erfreulich, birgt aber auch das Risiko, dass sich ständig neue Produkte von zweifelhafter Qualität auf den Markt drängen. Unser Rat ist daher für alle Produkte, die Sie innerlich anwenden möchten: Verlassen Sie sich weitgehend auf altbewährte Heilpflanzen, die seit Jahrhunderten oder Jahrtausenden bekannt und erprobt sind.

Die Kraft der Pflanzeninhaltsstoffe

Für die Heilwirkung von Pflanzen sind meist mehrere Pflanzeninhaltsstoffe verantwortlich. Dabei wird zwischen primären Inhaltsstoffen wie Kohlenhydraten, Fetten und Eiweißen und sekundären Inhaltsstoffen wie herzwirksamen Glykosiden und ätherischen Ölen unterschieden. Zu den sekundären Pflanzeninhaltsstoffen zählen auch bioaktive Substanzen, die in den vergangenen Jahren populär geworden sind. Es handelt sich dabei um Pflanzenfarbstoffe und andere Substanzen, die bislang von Forschern nicht beachtet wurden, für die Gesundheit aber von unschätzbarem Wert sind. Manche dieser Stoffe, wie beispielsweise die blauen Farbstoffe aus Trauben und Schwarzen Johannisbeeren, besitzen gefäßschützende Eigenschaften. Andere, wie beispielsweise die Glucosinolate in Brokkoli oder Radieschen, verfügen über antioxidative Eigenschaften. Sie wirken der Zelloxidation entgegen, ein Krankheitsgeschehen, das bei chronischen Erkrankungen und bei Krebserkrankungen auftritt.
Die Erkenntnis, dass es weit mehr für die Gesundheit bedeutsame Pflanzeninhaltsstoffe gibt, als man in den letzten Jahrzehnten kannte, hat

Heilpflanzen werden in verschiedener Form verwendet: als Tropfen, als Tabletten, in Tees, zur Aromatherapie in der Duftlampe, für Massagen und Einreibungen.

manche Forscher dazu veranlasst, Gesamtpflanzenauszüge herzustellen. Somit ist gesichert, dass alle Inhaltsstoffe der Pflanze verwendet werden. Weit verbreitet ist aber immer noch die Isolierung einzelner Inhaltsstoffe, deren Wirkung man genau zu kennen glaubt. Aus der Sicht der Ganzheitsmedizin, wenn man auch die Seele des Menschen mit einbezieht, ist es sinnvoller, Gesamtpflanzenauszüge zu verwenden. Das, was damit zur Wirkung kommt, ist mehr als die Summe der Einzelteile.

Tropfen oder Kräutertee?

Es gibt verschiedene Verfahren, Heilpflanzen so zuzubereiten, dass sie ihre Wirkungen optimal entfalten können. Gebräuchlich sind Abkochungen oder Aufgüsse mit Wasser zu so genannten Kräutertees oder al-

Im frisch aufgebrühten Tee sind alle Wirkstoffe einer Heilpflanze enthalten.

koholische Auszüge zu Tropfen. Aus ganzheitsmedizinischer Sicht sind die Pflanzeninhaltsstoffe in Tees und in so genannten Trockenextrakten am stärksten, in Tropfen und insbesondere in Urtinkturen entfaltet sich die Wirkung auf die Seele am besten. Zur Herstellung von herkömmlichen Tinkturen nimmt man getrocknete Pflanzen oder Pflanzenteile, für Urtinkturen meist frische Pflanzenteile. Urtinkturen werden nach den Vorschriften des Homöopathischen Arzneibuches nach einer besonderen Methode gewonnen und sind in der Apotheke erhältlich.

Was ist bei der Dosierung von Tropfen zu beachten?

Wenn Sie die hier empfohlenen Urtinkturen verwenden, dann gilt für die Dosierung: Erwachsene nehmen dreimal täglich drei bis fünf Tropfen der Urtinkturen ein. Nehmen Sie die Tropfen zunächst einige Tage lang und beobachten Sie aufmerksam, wie es Ihnen und vor allem Ihrer Seele dabei geht. Verändert sich etwas? Fühlen Sie sich anders? Sagen Sie nicht zu schnell »Es passiert nichts«. Wir erleben immer wieder, dass Patienten sich nicht genug beobachten und deshalb Veränderungen an sich kaum wahrnehmen. Wenn Sie sich nach den ersten Tagen der Einnahme wohl fühlen, können Sie die Tropfen bis zu sechs Wochen schlucken. Spätestens dann sollten Sie eine mehrwöchige Pause einlegen und anschließend die Anwendung gegebenenfalls noch einmal wiederholen.
Für Kinder, Kleinkinder und Säuglinge sind die alkoholischen Tropfen nicht geeignet. Hier bieten sich die homöopathischen Globuli oder Tabletten, aber auch Schüßler-Salze in Tabletten- oder Salbenform an (siehe Seite 122).

Bitte beachten Sie:

Unsere Empfehlungen beziehen sich auf ein- bis mehrwöchige Einnahmezeiten. Wenn sich Ihre Beschwerden nach dieser Zeit nicht deutlich verbessert haben, dann sollten Sie einen Arzt, Heilpraktiker oder einen Psychotherapeuten aufsuchen. Nehmen Sie keine Medikamente, auch keine Heilpflanzenpräparate, dauerhaft ohne Rücksprache mit einem entsprechend ausgebildeten Fachmann ein.

Die Aromatherapie

Den Namen Aromatherapie für die Behandlung von Befindlichkeitsstörungen und Krankheiten mit ätherischen Ölen prägte der französische Chemiker René Maurice Gattefossé 1920. Diese Methode, bei der die Menschen Duftstoffe von Pflanzen für Körper und Seele nutzen, ist allerdings wesentlich älter: Sie wird schon seit Jahrtausenden praktiziert. Aromastoffe sprechen den Geruchssinn an und werden über die so genannte Riechschleimhaut in der Nase durch Inhalation aufgenommen. Die eigentliche Geruchswahrnehmung findet erst im Gehirn statt. Was jemand riecht, hängt von seinem Hormonstatus und seinen Emotionen ab.

Ätherische Öle

Für die Aromatherapie werden überwiegend Pflanzen und Pflanzeninhaltsstoffe genutzt, wie die ätherischen Öle. Diese flüchtigen Aromastoffe sitzen in Form von Öltröpfchen in Blättern, Blüten, Schalen, Wurzeln, Samen, Rinde oder im Harz der Pflanzen und werden meist durch Wasserdampfdestillation gewonnen. In der Natur helfen Aromastoffe der Pflanze Insekten zur Bestäubung anzulocken, aber auch dazu, sie abzuwehren, um von ihnen nicht gefressen zu werden. Den Begriff »ätherisches Öl« verbinden wir automatisch mit köstlich riechenden Düften in Ölen und Parfums, wie die süßen, blumigen oder erfrischenden Noten, die Orangen-, Jasmin- oder Rosenöl verströmen. Doch ätherische Öle können auch streng und unangenehm riechen. Auch einige der in der Aromatherapie verwendeten Öle sind nicht jedermanns Sache. Das schwere, erdige Aroma von Vetiver beispielsweise oder der süße, fast aufdringliche Duft von Jasmin oder Ylang-Ylang gefällt nicht unbedingt auf Anhieb. Wenn Sie sich von einem oder mehreren der in diesem Buch angegebenen Öle aufgrund der beschriebenen Wirkung angesprochen fühlen, lassen Sie sich beim Kaufen trotzdem möglichst viel Zeit. Gehen Sie in ein Geschäft, das viele verschiedene Aromaöle in Testfläschchen vorrätig hat. Viele Naturkostläden, aber auch manche Reformhäuser und Apotheken verfügen inzwischen über eine große Auswahl an Ölen. Vergessen Sie nicht: Das Öl soll Ihrer Seele helfen, und das kann es nur, wenn Sie es als angenehm empfinden.

Die Therapie mit Pflanzenaromen ist über 5000 Jahre alt. Zur Verwendung kommen ätherische Öle – flüchtige, stark duftende Substanzen. Für viele sind sie die Seele der Pflanzen.

Die Aromatherapie ist ein jahrtausendealtes Heilverfahren. Ätherische Öle helfen in der Duftlampe, im Körperöl oder Parfum bei körperlichen oder seelischen Beschwerden.

Das sollten Sie beachten

Die Vielfalt an Aromen, die von der Pflanzenwelt hervorgebracht werden, ist riesig. Wir haben daher die ätherischen Öle zusammengestellt, die besondere Bedeutung bei der Behandlung von Befindlichkeitsstörungen haben. Während die Wirkungen von Heilpflanzen und Aromen bei körperlichen Problemen in der Regel gut erforscht sind, ist das bei seelischen Beschwerden noch nicht der Fall. Deshalb gehen die Meinungen bezüglich der Wirkung der Aromatherapie teilweise auseinander. Wir stützen uns in diesem Buch auf traditionelle Erfahrungswerte, nicht nur auf unsere eigenen. An dieser Stelle möchten wir auch eine kleine Warnung aussprechen: Sie werden im Internet die abenteuerlichsten Empfehlungen zur Anwendung von Heilpflanzen, Aromen und deren Wirkungen finden. Vorsicht! Viele der dort vorgestellten Substanzen sind nicht ausreichend geprüft und sollten daher nicht innerlich angewandt werden. Insbesondere ätherische Öle können die Nasenschleimhäute stark reizen. Solange Sie die Öle nur leicht dosiert in einer Duftlampe benutzen, besteht keine Gefahr. Wenn Sie Säuglinge und Kleinkinder im Haushalt haben, sollten Sie sowieso stets nur sehr wenige Tropfen verwenden. Reinigen Sie die Schale der Duftlampe regelmäßig, um Verbrennungsrückstände der Öle zu entfernen.

So können Sie Aromatherapie anwenden

Die wichtigsten Öle und ihre spezifischen Wirkungen als Duftstoffe finden Sie in den nachfolgenden Beschreibungen. Sie können das entsprechende Öl zur Aromatisierung Ihrer Räume nehmen oder Kosmetika, Massageöle oder Parfums mit diesem Duft verwenden. Jedes Aroma wirkt sich individuell auf Ihr Seelenleben aus. Suchen Sie sich ein oder mehrere Aromen aus, die zu Ihren seelischen Beschwerden passen, und wechseln Sie je nach täglicher Befindlichkeit die Duftnoten. Wenn Sie beispielsweise die ersten grauen, regnerischen Herbsttage nicht ertragen können und Ihre Stimmung in den Keller saust, dann helfen Duschgel, Bademilch, Deo, Gesichtscreme oder -maske aus Wildrosen, das Herbsttief besser zu ertragen. Wenn Sie sich gerade in einer Lebensphase befinden, in der Sie sich nervlich völlig verausgaben und Sie deshalb abends nicht zur Ruhe kommen, stattdessen stundenlang wachliegen und nachgrübeln, dann ist Lavendel im Bad, in der Duftlampe oder in einem Massageöl genau das Richtige für Sie.

Raumklimaverbesserung

Die schönste und einfachste Art, Aromatherapie einzusetzen, ist zur Raumklimaverbesserung. Wählen Sie ein ätherisches Öl aus, das Ihrem momentanen Befinden entspricht, und geben Sie es in eine Duftlampe, von der aus es nach wenigen Minuten im Raum verströmt wird. Schön ist auch ein Duftbrunnen, der sowohl durch den Duft als auch durch die Wassergeräusche eine angenehme Atmosphäre verbreitet. Je nach Wirkung, die Sie erzielen wollen, können Sie ein bestimmtes Öl oder eine Duftmischung verwenden, die anregend, entspannend, konzentrationsfördernd oder beruhigend ist.

Verwöhnen Sie Ihren Partner mit einer Aromaölmassage. Nach einem anstrengenden Tag ist eine Rücken- und Nackenmassage mit Arnikamassageöl eine Wohltat.

Massagen

Massagen mit aromatisierten Ölen sind etwas Himmlisches. Egal, ob Sie sich selbst, etwa in einer Wellness-Oase, eine Massage geben lassen oder ob Sie Ihren Partner damit verwöhnen. Wählen Sie dabei das Öl sorgsam aus, seine Duftnote sollte Ihrem momentanen Bedürfnis entsprechen. Wenn Sie Ihren Partner oder auch Ihr Kind massieren wollen, dann lassen Sie ihn oder sie das Öl aussuchen.

Symptome und Beschwerden

Die hier aufgeführten seelischen Beschwerden lassen sich mit den jeweils angegebenen Heilpflanzen oder Aromaölen behandeln. Nehmen Sie sich Zeit bei der Auswahl der passenden Pflanze oder des geeigneten Öls. Wenn die Beschreibung einer bestimmten Pflanze Sie anspricht und Sie das Gefühl haben, dass Sie genau die Energie dieser Pflanze brauchen, um sich wieder wohl zu fühlen, können Sie vorher beispielsweise ein Foto von ihr eingehend betrachten. Meditieren Sie ein wenig über diesem Bild oder lassen Sie es wenigstens eine Weile auf sich wirken. Sie treten auf diese Weise mit der Pflanze in Kontakt, und das hilft Ihrer Seele, sich richtig zu entscheiden. Und auch hier gilt: Nicht verzagen, wenn es anfangs nicht klappen sollte – Sie sind dabei, neue Erfahrungen zu sammeln, das braucht Zeit und Geduld. Gewöhnen Sie sich allmählich an, zu erspüren, welche Heilmittel für Sie die passenden sind, und freuen Sie sich an Ihren wachsenden Erfolgen.

Ängste

Johanniskraut – Hypericum perforatum

Johanniskraut ist mit seinen vielen kleinen gelben Blüten auf einheimischen Wiesen sehr verbreitet. So wie direktes Sonnenlicht (siehe Seite 41) besitzt auch die im Johanniskraut gespeicherte Sonnenkraft eine antidepressive Wirkung, hellt das Gemüt auf, wirkt gegen Ängste, Unruhezustände, Erschöpfung und stärkt die Nerven. Innerlich hilft Johanniskraut in Form von Tabletten oder Tropfen bei seelischen Verletzungen. Doch Johanniskraut wirkt nicht nur auf die Psyche. Das rote Öl findet auch Anwendung bei stumpfen Verlet-

Das gelbe Johanniskraut bringt mit seiner entspannenden und stimmungsaufhellenden Wirkung Licht und Sonne ins Herz.

zungen und Nervenschmerzen sowie bei Ischiasbeschwerden. Dazu reibt man die betroffenen Stellen mehrmals täglich mit dem Öl ein.

Warnhinweis:
Johanniskraut gehört zu den am besten geprüften Heilpflanzen. Bei hautempfindlichen Menschen kann Johanniskraut zu erhöhter Lichtempfindlichkeit führen. Hoch dosiertes Johanniskraut sollte nicht eingenommen werden bei Therapien mit Immunsuppressiva, in Kombination mit Blutverdünnungsmitteln, hormonellen Empfängnisverhütungsmitteln, digitalishaltigen Herzpräparaten und nach Organtransplantationen.

Anwendung
Äußerlich: als Öl zur Einreibung bei Verletzungen und Schmerzen.
Innerlich: als Urtinktur, Tropfen oder als Tabletten.

Zimt – Cinnamomum ceylanicum

Zimt – verwendet wird die Rinde des Zimtbaums – ist eines der ältesten Gewürze der Welt. Er wird seit über 3000 Jahren verwendet. Der Duft von Zimt vermittelt Wärme, Schutz und Geborgenheit. Wenn Sie unter Verlustängsten leiden und deshalb angespannt sind, hilft bereits ätherisches Zimtöl in einer Duftlampe. Auch als Gewürz – für süße, aber auch pikante Gerichte oder in Kakao und Plätzchen – vermittelt Zimt einen Hauch von Geborgenheit. Der warme, würzig-süße Duft von Zimt findet auch in der Parfumindustrie und in Spirituosen Verwendung. Schlagzeilen hat Zimt in letzter Zeit durch seine blutzuckersenkenden Eigenschaften gemacht. Zimt ist ein sehr intensives Gewürz, weshalb Sie immer nur sparsam mit ihm umgehen sollten.

Anwendung
Äußerlich: in der Duftlampe.
Innerlich: als Gewürz – am besten Ceylon-Zimt (Drogerie, Apotheke).

Antriebslosigkeit

Rosmarin – Rosmarinus officinalis

Rosmarin ist den meisten Menschen nur als mediterranes Küchengewürz bekannt und wegen seiner aromatisch-würzigen Duftnote sehr beliebt.

Nur wenige wissen, wie belebend Rosmarinöl wirkt. Es steigert den Antrieb, belebt den Geist, fördert den Lebenswillen, die Begeisterungsfähigkeit und hilft bei Schwächezuständen. Auf der körperlichen Ebene steigert Rosmarin den Blutdruck und fördert die Durchblutung. Das hilft vor allem Morgenmuffeln in die Gänge zu kommen. Ein paar Spritzer Rosmarinbademilch oder -öl ins Badewasser sowie ein Rosmarinkörperöl auf Basis eines hautverträglichen Sesamöls bringt Sie morgens gut in Schwung. Bei trockener Haut hat sich folgende Vorgehensweise bewährt: Ölen Sie Ihren Körper mit Rosmarinkörperöl ein und duschen Sie erst dann. So bleibt ein kleiner Ölfilm auf der Haut und schützt sie besser vor dem Austrocknen als eine wasserlösliche Körpermilch. Rosmarinöl sollten Sie ausschließlich äußerlich anwenden.

Morgenmuffel aufgepasst: Rosmarinöl auf der Haut bringt Ihren Kreislauf in Schwung. Wenn Sie dazu noch den Sonnengruß – siehe Seite 48 – einige Male wiederholen, dann sind Sie fit für den Tag.

Anwendung
Äußerlich: in belebenden Bädern, Seifen, Körperölen, in der Duftlampe.
Innerlich: als Gewürz, als Tropfen (alkoholischer Auszug aus der Gesamtpflanze).

Zirbelkiefer – Pinus cembra

Zirbelkiefer, auch Arve oder Zirbel genannt, reinigt mit seinem frischen Duft die Raumluft und vertreibt dabei gleich noch Insekten. Der Duft des Zirbelkieferöls stärkt die Seele und wirkt gegen Antriebslosigkeit.

Anwendung
Äußerlich: in der Duftlampe.

Depressive Verstimmungen

Bergamotte – Citrus bergamia

Die Bergamotte ist eine Zitrusfrucht und vermutlich eine Kreuzung aus Zitrone und Pomeranze. Benannt ist das Gewächs nach der italienischen Stadt Bergamo. Wie die Öle aller Zitrusfrüchte wirkt sich auch Bergamotte-Öl positiv auf die Laune aus und hilft bei depressiven Verstimmungen. Bergamotte-Öl ist Bestandteil vieler Parfums und verbreitet auch in der Duftlampe sein frisches, lebhaftes und spritziges Aroma. Es wird gerne für Säfte, Schnäpse sowie Marmelade verwendet und sorgt für den typischen Geschmack des Earl Grey Tees.

Anwendung
Äußerlich: als Öl in der Duftlampe.

Johanniskraut – Hypericum perforatum

Die antidepressive Wirkung von Johanniskraut ist inzwischen durch viele Studien belegt (siehe Ängste, Seite 73).

Anwendung
Innerlich: als Tropfen (Urtinktur) oder Tabletten.

Neroli – Citrus aurantium

Neroli, eigentlich Neroli-Öl, wird aus den Blüten der Pomeranze gewonnen. Deren zarter, blumig-frischer Duft hilft wie der aller Zitrus-Arten gegen Traurigkeit und depressive Verstimmungen. Auf der körperlichen Ebene wirkt Neroli-Öl entspannend und entkrampfend, sollte aber nicht innerlich angewandt werden. Die besten Resultate erzielen Sie, wenn Sie bei Stimmungstiefs und Verspannungen oder Verkrampfungen einige Tropfen Neroli-Öl in eine Duftlampe geben und dann möglichst viele Stunden in dem so parfümierten Raum zubringen. Verwenden Sie das kostbare Neroli-Öl sparsam: Um ein Kilogramm Neroli-Öl zu gewinnen, sind eine Tonne Blüten nötig.

Anwendung
Äußerlich: in der Duftlampe.

Oh, wer um alle Rosen wüsste, die rings in stillen Gärten stehen. Oh, wer um alle wüsste, müsste wie im Traum durchs Leben gehen.

Christian Morgenstern

Rose – Rosa damascena – Damaszenerrose

Die Damaszenerrose gehört zu den historischen Rosensorten und kommt ursprünglich aus Persien. Aus ihr, aber auch aus anderen historischen Sorten wie Rosa centifolia sowie aus Wildrosen, werden die kostbaren Rosenöle hergestellt. Preiswerter, aber auch weniger wirksam sind synthetische Rosenöle. Rosen werden mit Liebe und mit romantischen Gefühlen in Verbindung gebracht – wenigstens bei den Dichtern. Das liegt sicher an der unverwechselbaren Schönheit und Einzigartigkeit der

Rosen. Man sagt, der Duft der Rosen öffne das Herz und habe eine gemütaufhellende Qualität. Bei einem leichten Seelen-Blues kann es schon helfen, durch einen Rosengarten zu schlendern und hier und da an einer der üppig blühenden Rosen zu riechen. Ansonsten steht Ihnen ein großes Angebot an Rosen- und Wildrosenprodukten der Parfumindustrie und Kosmetikbranche zur Verfügung.

Rosenduft öffnet das Herz. Deshalb gilt Rosenöl vor allem in der fernöstlichen Medizin als Heilmittel.

Anwendung
Äußerlich: als Wildrosen-Badeöl, -Duschgel, in Cremes, Seifen und anderen Kosmetika, in der Duftlampe, in Parfums.
Innerlich: Rosenblütenblätter sind essbar. Mit ihnen lassen sich Limonade, Bowle, Marmelade und viele andere Köstlichkeiten herstellen.

Ylang-Ylang – Cananga odorata

Es sind vor allem die blumigen und süßen Düfte, die eine antidepressive Wirkung aufweisen. Ylang-Ylang gehört zu den intensivsten exotischen Düften und darf deshalb an dieser Stelle nicht fehlen. Seine Hauptwirkung liegt aber hauptsächlich in seiner libidosteigernden Wirkung (siehe Seite 84).

Anwendung
Äußerlich: als Badeöl, in der Duftlampe, in Parfums.

Energielosigkeit

Löwenzahn – Taraxacum officinale

Die meisten Menschen kennen Löwenzahn nur als Unkraut – allenfalls noch als Heilmittel, um den Gallenfluss anzuregen. Doch ein gestauter Gallenfluss steht im engen Zusammenhang mit dem Verlust an Energie: Diese Störung führt dazu, dass Sie Fette schlechter verdauen, Ihr Körper muss viel mehr arbeiten, was Kraft kostet. Dadurch werden Sie müde

und antriebsschwach, was sich auch auf Ihr Seelenleben auswirkt. Es stellt sich die Frage, was den Gallenstau verursacht. Möglicherweise enthält Ihre Nahrung einfach zu viele minderwertige Fette. Vielleicht ärgern Sie sich aber auch ständig, »schlucken« Ihren Unmut jedoch. Durch diesen seelischen Stau kann es mit der Zeit auf der körperlichen Ebene zu einer Stockung bei der Gallensäureproduktion in der Leber kommen. Seelisch gesehen »verbittert« der Mensch, wenn er den Ärger nicht rauslässt. Das führt zur psychischen Erstarrung und lässt den Menschen zunehmend in festgelegten Mustern leben – darauf können Gallensteine die Antwort des Körpers sein. Um Ihre Energie zurückzugewinnen sollten Sie sich gesünder ernähren und Ärger häufiger mal äußern.
Übrigens: Kaffee stoppt den Gallenfluss, daher ist es angeraten, öfter mal auf den Kaffee nach einer üppigen Mahlzeit zu verzichten. Löwenzahn regt die Leberfunktion und den Gallenfluss an, verbessert die Fettverdauung und gibt Ihnen Ihre Energie zurück.

Anwendung
Innerlich: Im Frühjahr helfen junge Löwenzahnblätter im Salat, sonst als Tropfen (Urtinktur).

Der Gelbe Enzian wirkt durch falsche Ernährung ausgelösten Erschöpfungszuständen entgegen.

Erschöpfungszustände

Gelber Enzian – Gentiana lutea

Enzian ist wie Löwenzahn hauptsächlich als verdauungsförderndes Mittel bekannt, das auch bei Blähungen hilft. Was Löwenzahn für die Fettverdauung leistet, übernimmt Enzian bei der Verarbeitung von Eiweiß. Leiden Sie an Erschöpfung und Energielosigkeit, ist eine Kombination aus Enzian und Löwenzahn angezeigt, insbesondere, wenn Sie gerne auch mal zu üppig essen, mit zu viel tierischem Eiweiß und Fett. Wenn Sie ein Leben führen, das Sie ständig mit zu vielen Eindrücken überfrachtet, belasten Sie auch Ihre »seelische Verdauung«. Dieses Zuviel führt zu Erschöpfung, weshalb Sie auf eine leichtere Ernährung achten und sich im seelischen Bereich vor zu vielen unterschiedlichen Einflüssen schützen sollten.
Enzian dürfen Sie nicht verwenden, wenn Sie ein Magen- oder Darmgeschwür haben.

Anwendung
Innerlich: als Tropfen (Urtinktur).

Hafer – Avena sativa

Hafer ist eigentlich als Beruhigungsmittel und zur Schlafförderung bekannt. Er hilft Ihnen aber auch, wenn Sie sich ständig überfordert fühlen, weil Ihr Alltag sehr hektisch ist und Sie sich nur noch gehetzt und bedrängt fühlen. Wenn Sie spüren, dass Sie aus dem eigenen Rhythmus geworfen und völlig erschöpft sind, sollten Sie abends eine Tasse Hafertee trinken oder Hafer als Tropfen zu sich nehmen. Hafer beseitigt den Druck, baut Sie nervlich wieder auf und sorgt für einen gesunden Schlaf-Wach-Rhythmus. Hafer fördert übrigens auch die Ausscheidung von Harnsäure und wird zusammen mit Brennnesselblättern als Tee gegen übersäuerungsbedingte rheumatische Beschwerden eingesetzt.

Anwendung
Innerlich: als Tropfen (Urtinktur), auch als Tee.

Herzbeschwerden, nervöse/seelische Stauungen

Weißdorn – Crataegus

Weißdorn ist ein altbekanntes Mittel bei altersbedingten Herzbeschwerden, hat aber auch eine nicht zu unterschätzende Wirkung auf die Seele. So hilft diese Pflanze, wenn nervöse Herzbeschwerden daraus resultieren, dass Sie aus Ihrem inneren Rhythmus fallen. Gründe dafür sind unter anderem lang anhaltende Stressphasen, unstrukturierte Tagesabläufe oder Gefühlsstauungen aufgrund von Sorgen. Es gibt auch ganze Lebensabschnitte, in denen der Herzrhythmus durcheinander geraten kann wie etwa in der Pubertät und in den Wechseljahren. Keine andere Zeit im Leben ist so stark geprägt von emotionalen Stauungen und Ausbrüchen. Das kann auch zu Druck und Beklemmungsgefühlen in der Herzgegend führen. Durch die Einnahme von Weißdorn können die Gefühle wieder fließen, der Lebensrhythmus wird wiederhergestellt und die Beklemmungen lösen sich.

Anwendung
Innerlich: als Tropfen (Urtinktur) oder als Tabletten.

Essstörungen

Tausendgüldenkraut – Centaurium

In der Phytotherapie wird Tausendgüldenkraut bei nervösen Verdauungsbeschwerden und bei Appetitlosigkeit eingesetzt. Auch bei beginnenden Essstörungen ist es hilfreich. Aber Vorsicht: Die seelischen Hintergründe von Essstörungen sind sehr komplex und selten ohne fachärztliche oder psychotherapeutische Begleitung erfolgreich zu behandeln.
Tausendgüldenkraut hat eine Beziehung zum menschlichen Willen und zur Selbstverwirklichung, egal ob es als Pflanzenauszug, Tee oder als Bach-Blüte (siehe Seite 181) angewendet wird. Wenn Ihre Beschwerden mehr körperlicher Natur sind, wenn Verdauungsbeschwerden und Appetitlosigkeit im Vordergrund stehen, dann sollten Sie Tausendgüldenkraut als Tee oder als Urtinktur anwenden. Wenn der seelische Anteil überwiegt, also zum Beispiel Willensschwäche und Essstörungen gemeinsam auftreten, dann empfehlen wir Tausendgüldenkraut als Bach-Blüte (siehe Seite 181, Centaury).

Anwendung
Innerlich: als Tropfen (Urtinktur), Tee oder als Bach-Blüte.

Konzentrationsstörungen

Ginkgo – Ginkgo biloba

Der Ginkgobaum gehört zu den ältesten Bäumen dieser Welt und verschönert jeden Garten und Park durch seine bizarren zweigeteilten Blätter, die sich im Herbst goldgelb färben. Ginkgo verkörpert Lebenskraft und Dynamik. Fehlt sie, dann kommt es zu Vitalitätsverlusten im Gehirn. Ginkgo in Tabletten- oder Tropfenform hilft, die Durchblutung zu fördern, wodurch sowohl das Gedächtnis, die geistige Vitalität als auch die Konzentrationsfähigkeit verbessert werden. Sie sollten sich aber gleichzeitig fragen, warum Ihre Dynamik so nachgelassen hat. Die Ursachen liegen meist in einer zu einseitigen Ausrichtung im Leben, etwa wenn Sie sich zu sehr um Ihre materiellen Belange und zu wenig um Ihre seelischen Bedürfnisse gekümmert haben. Es ist daher ratsam und empfehlenswert, dass Sie Ihr Leben neu ausrichten und die Wünsche und Bedürfnisse Ihrer Seele wesentlich stärker berücksichtigen.

Anwendung
Innerlich: als Tropfen (Urtinktur) und Tabletten.

Lemongrass – Cymbopogon citratus

Lemongrass oder Zitronengras, das in einigen Teilen Asiens als Gewürz verwendet wird, gehört zu den Süßgräsern. Außer seinem zitronenartigen Geruch hat es nichts mit Zitrusfrüchten gemein. Lemongrass belebt mit seinem spritzig-frischen Duft die Sinne, fördert die Konzentration und sorgt für geistige Klarheit sowie Ausdauer. Sie sollten daher, wenn Sie konzentriert arbeiten müssen oder auf eine Prüfung hin lernen, immer einige Tropfen Lemongrass in Ihre Duftlampe geben. Auch ein Kind, das sich schlecht auf seine Hausaufgaben konzentrieren kann, profitiert von Lemongrass.

Anwendung
Äußerlich: als Öl in der Duftlampe.
Innerlich: das junge Gras als Gewürz.

Wilde Möhre – Daucus carota

Die Wilde Möhre ist die Wildform der uns bekannten Karotte. Wie die Karotte hat die weiße Wurzel der Wilden Möhre eine positive Wirkung auf die Sehkraft. In Bezug auf die Seele kommt es zu einer Trübung des Blickes, wenn Menschen sich zu sehr »verzetteln«. Sie verlieren dabei die wesentlichen Dinge aus den Augen und geraten so aus ihrer Mitte. Die Folgen davon sind Konzentrationsstörungen, innere Unruhe, sorgenvolle Gedanken, Gedankenkreisen, Antriebsschwäche und eben Sehstörungen. In der modernen Welt wird die Fähigkeit eines Menschen, sich auf eine Sache zu

Die Wilde Möhre, aus der die Karotte hervorgegangen ist, hilft, sich zu konzentrieren und in seiner Mitte zu ruhen. Gerade in einer Welt, in der die Reizüberflutung überhand nimmt, ist sie ein wichtiges Mittel, um die Seele zu schützen.

konzentrieren, sehr strapaziert. Wir leben in einer Zeit der Medienüberladung, die uns beinahe im Sekundentakt wo wir gehen und stehen mit überwiegend wertlosen Informationen »zumüllt«. Besonders bei Unterhaltungssendungen im Fernsehen wird es deutlich: Sie dienen der Zerstreuung – der unserer Gedanken. Das ist das Gegenteil von Konzentration und Zentrierung, sich sammeln, aus seiner Mitte heraus handeln und seine Aufmerksamkeit auf eine Sache richten. Denn dazu bedarf es der Ruhe, die meist fehlt. Wen wundert es da, dass das Aufmerksamkeitsdefizitsyndrom (ADS) sowohl unter Kindern als auch unter Erwachsenen so weit verbreitet ist? Körperlich gesehen belastet die geringe Konzentrationsfähigkeit, die fehlende Mitte auch die Verdauung. In der Traditionellen Chinesischen Medizin sind Bauchspeicheldrüse und Magen die Organe der Mitte, des Geerdetseins. Wenn Sie sich ständig zerstreuen, dann leiden darunter auch diese beiden Organe. Je nach Veranlagung neigen manche Menschen besonders dazu, sich ablenken zu lassen. Gehören Sie zu diesen Menschen oder haben Sie ein Kind, das davon betroffen ist, dann reicht die mehrwöchige Einnahme der Wilden Möhre allein nicht aus. Sie sollten Ihren Tagesablauf neu überdenken und alle Ablenkungsfaktoren so weit wie möglich verbannen. Dazu gehört, dass während des Essens kein Telefon stören, kein Fernsehgerät oder Radio laufen sollte, damit Sie sich auf Ihre Mahlzeiten konzentrieren. Auch regelmäßige Essenszeiten einzuhalten bringt Ruhe mit sich.

Anwendung
Innerlich: als Tropfen.

Libidostörungen

Es ranken sich viele Geschichten darum, welche Heilpflanzen oder welche tierischen Produkte die Sexualkraft – die Libido – zu steigern vermögen. Eine Reihe von Duftstoffen, meist ätherische Öle aus Pflanzen, sind bekannt für ihre erotisierende Wirkung und kommen oft in beliebten Parfums vor.

Jasmin – Jasminum officinale

Echtes Jasminöl ist sehr teuer – acht Millionen Blüten sind notwendig, um ein Kilogramm Jasminöl zu gewinnen. Sie können also bereits am

Preis erkennen, ob Ihnen auch wirklich echtes Jasminöl angeboten wird. Jasminöl hat einen intensiven blumig-fruchtigen Duft und wird schon immer gegen Impotenz eingesetzt, obwohl es für eine Wirkung keine wissenschaftlichen Belege gibt.

Anwendung
Äußerlich: in Parfums, in Duftlampen.

Moschus

Das Sekret aus der Drüse des Moschushirsches zur Libidosteigerung ist bereits Legende. Die darin enthaltenen Duftstoffe ähneln in ihrer chemischen Struktur den Pheromonen – körpereigenen Sexuallockstoffen des Menschen – wodurch man sich die Wirkung von Moschus erklärt. Sein Duft ist sehr intensiv, was manche sogar als aufdringlich empfinden. Moschus wird heute überwiegend synthetisch hergestellt, denn echter Moschus ist sehr teuer, sollte aber auch aus Gründen des Artenschutzes nicht verwendet werden.

Anwendung
Äußerlich: in Parfums, Duftlampen oder Massageölen.

Muskatellersalbei – Salvia sclarea

Muskatellersalbei – eine wilde Salbeiart – wird sowohl in der Tabakherstellung als auch in Parfums verwendet. Sein Aroma ist leicht blumig, süß-herb und nussartig. Man sagt ihm eine euphorisierende sowie libidosteigernde Wirkung nach, und er soll den Geist öffnen.

Anwendung
Äußerlich: in der Duftlampe.

Sandelholz – Santalum rubrum

Sandelholz mit seinem herben Holzduft findet sich in 80 Prozent aller Parfums. Der Duft des Sandelholzes ähnelt einer dem Testosteron verwandten Substanz aus dem männlichen Achselschweiß, was die Wirkung von Sandelholz erklärt. Sandelholz soll auch euphorisierend und fantasieanregend wirken. Da Sandelholz so beliebt und weit verbreitet ist, existieren

Düfte können verführen und die Lust auf Sex steigern. Mischen Sie sich ein erotisierendes Duftöl aus Ylang-Ylang, Sandelholz und Jasmin zu gleichen Teilen, und geben Sie wenige Tropfen davon in Ihre Duftlampe.

davon viele Fälschungen. Achten Sie beim Kauf darauf, dass Sie das original Santalum rubrum wählen und nicht das ebenfalls angebotene westindische Sandelholz.

Anwendung
Äußerlich: als Räucherstäbchen, als Öl in der Duftlampe, in Parfums, in Seifen, in Massageölen.

Ylang-Ylang – Cananga odorata

Ylang-Ylang wird aus den Blüten des tropischen Ylang-Ylang-Baums gewonnen. Sie verströmen einen intensiven exotisch-blumigen Duft mit süßlicher Note, der ein wenig an Jasmin erinnert. Das Öl soll stark erotisierend wirken. Schnuppern Sie vor dem Kauf an dem Öl und nehmen Sie es nur, wenn es Ihnen tatsächlich zusagt. Um in den Genuss der Wirkung zu kommen, können Sie es als Parfum oder zum Beduften des Raumes verwenden. Geben Sie nur wenige Tropfen Ylang-Ylang in die Duftlampe, da es sehr intensiv riecht. Ein schönes Ritual ist eine Partnermassage mit einem Öl, dem Ylang-Ylang zugesetzt wurde. Übrigens: Ylang-Ylang wirkt auch gegen depressive Verstimmungen (siehe Seite 77).

Anwendung
Äußerlich: in Badeölen, in der Duftlampe, in Massageölen, in Parfums.

Melancholie

Storchschnabel – Geranium robertianum

Der Storchschnabel, auch Ruprechtskraut genannt, hilft bei Melancholie, wenn diese durch ein traumatisches Ereignis oder durch ein Schockerlebnis ausgelöst wurde. Es gilt daher, ein wenig genauer hinzusehen, warum Sie oder der Mensch, für den Sie ein Pflanzenheilmittel gegen Melancholie suchen, in diesen Zustand geraten ist. Wenn es in der Biografie des betreffenden Menschen ein traumatisches Erlebnis gab, dann ist Geranium, über einige Wochen eingenommen, einen Versuch wert. Auf der körperlichen Ebene fördert Storchschnabel den Lymphfluss.

Anwendung
Innerlich: als Tropfen (Urtinktur).

Nervosität

Lavendel – Lavandula officinalis

Schon allein der Anblick eines provenzalischen Lavendelfeldes wirkt besänftigend für die Seele. Die Verwendung von Lavendel – ob in Duftsäckchen, Lavendelseife oder als beruhigendes Lavendelbad – zur Beruhigung, Nervenstärkung und Entspannung, hat in der Pflanzenheilkunde eine lange Tradition. Die nervenstärkende Wirkung des Lavendels beruht auf der »seelischen Reinigung«.

Seit Jahrhunderten wird Lavendel für seine beruhigende und entspannende Wirkung geschätzt.

Anwendung
Äußerlich: in Bädern, Cremes, Parfums, Seifen.
Innerlich: als Tropfen (Urtinktur), in Tees.

Vetiver – Vetiveria zizanoides

Der Extrakt aus der Vetiver-Wurzel verströmt einen zunächst sehr gewöhnungsbedürftigen Duft, der rauchig, erdig und schwer ist. Dementsprechend wirkt Vetiver: Es erdet, stärkt die Nerven, gibt Kraft bei nervöser Erschöpfung und entspannt. Wenn Sie Unterstützung für Ihre Nerven brauchen, finden Sie heraus, was Ihnen mehr zusagt: der leichte Lavendelduft oder das schwere Vetiver-Aroma.

Anwendung
Äußerlich: In der Duftlampe oder zum Räuchern.

Zypresse – Cupressus sempervivens

Die meisten Menschen, die schon einmal in der Toskana waren, kennen die nervenberuhigende Wirkung, die der harzig-klare, würzige Duft der dort wachsenden Zypressen hat. Zypressenöl gehört daher immer dann in Ihre Duftlampe, wenn Sie mit Ihren Nerven am Ende und sozusagen »reif für die Insel« sind. Es wirkt auch krampflösend. Als Raumöl desinfiziert und beruhigt es. Zypressenöl wird auch in der Parfumindustrie und für Kosmetika verwendet.

Anwendung
Äußerlich: als Öl in der Duftlampe.

Schlafstörungen

Baldrian – Valeriana officinalis

Baldrian gehört zu den bekanntesten Heilpflanzen, die einen gesunden Schlaf fördern. Die Hauptwirkung entfaltet Baldrian da, wo die Schlafstörungen durch eine zu große Gedankenflut im Kopf verursacht werden. Wenn Sie abends nicht abschalten können, nicht zur Ruhe kommen, hilft Baldrian, Ihre Gedanken zu beruhigen. Baldrian wirkt gut bei Menschen, die wenig geerdet sind und überempfindlich auf Sinneseindrücke reagieren. Auch bei Nerven- und Muskelschmerzen, die mit starker innerer Unruhe einhergehen, hilft Baldrian zu entspannen.

Anwendung
Innerlich: als Tropfen oder Tabletten.

Hopfen – Humulus lupulus

Bei Tagesschläfrigkeit in Verbindung mit Schlafstörungen hilft Hopfen. Wer nachts nicht schlafen kann, ist meist tagsüber müde. Der bleiernen Schwere dieser Müdigkeit setzt Hopfen seine Leichtigkeit entgegen. Wer Hopfen einmal in der Natur gesehen hat, mag geglaubt haben, diese feingliedrige Pflanze würde »schweben«. Hopfen macht leicht und fröhlich, beruhigt und fördert den Schlaf. Auf der körperlichen Ebene regt er die Verdauung an.

Die Passionsblume lindert innere Unruhe und schenkt einen gesunden Schlaf.

Anwendung
Innerlich: als Tropfen oder Tee.

Passionsblume – Passiflora incarnata

Der Gesamtpflanzenauszug aus der Passionsblume hilft Ihnen, wenn Sie sich innerlich unharmonisch und unruhig fühlen. Daher beruhigt er Ihren Schlaf, wenn Sie aufgewühlt sind, Angst haben, auch Verlustangst, oder sich zu viele Sorgen um einen Menschen oder eine Sache machen. Passionsblume kommt auch infrage, wenn die innere Unruhe sich auf das Herz auswirkt, sodass nervöse Herzbeschwerden auftreten. Die Früchte einiger Passionsblumenarten, wie Maracujas oder Grenadillen, sind essbar, wobei Maracujas sich durch ihren hohen Gehalt an Vitamin C auszeichnen.

Anwendung
Innerlich: als Tropfen (Urtinktur).

Schockfolgen

Storchschnabel – Geranium robertianum

Geranium hilft, Schockfolgen besser zu bewältigen. Auslöser können ein Unfall, ein schreckliches Ereignis, Gewaltanwendung oder Ähnliches sein. Durch den Schock wird der betreffende Mensch apathisch, da der Schock aus ganzheitsmedizinischer Sicht wie Gift auf die Seele wirkt (siehe auch Melancholie, Seite 84).

Anwendung
Innerlich: als Tropfen (Urtinktur).

Selbstbewusstsein, mangelndes

Meisterwurz – Imperatoria ostruthium

Diese Heilpflanze aus der Familie der Doldenblütler verleiht unsicheren Menschen, die immer wieder in schwierige Zwangslagen geraten, mehr Selbstbewusstsein und innere Gewissheit.
Auf der körperlichen Ebene stärkt Meisterwurz den Magen, die Atemwege und hilft allgemein bei Schwächezuständen. Meisterwurz gibt es als Tropfen in einer Urtinktur. Achten Sie bitte darauf, die Tropfen nur wenige Tage einzunehmen, da die Wirkung sehr stark ist. Für die Behandlung von Kindern gilt: Bitte auf entsprechende Bach-Blüten oder homöopathische Mittel ausweichen.

Anwendung
Innerlich: als Tropfen (Urtinktur).

Traurigkeit

Mandarinenöl, Orangenöl, Zitronenöl

Die Öle aller Zitrusfrüchte wirken belebend und heben die Stimmung. Wenn Sie sich traurig fühlen und so richtig »down« sind, dann können Sie als erste Maßnahme Kosmetikprodukte verwenden, in denen Zitronen- oder Orangenöl enthalten ist. Es gibt Badeöle, Hautöle und Erfrischungsduschen mit Zitronenöl. Auch Massagen mit Ölen von Zitrusfrüchten stimmen fröhlicher. Bei Traurigkeit zeigen auch einige Tropfen Zitronenöl in der Duftlampe gute Wirkung. Bitte bedenken Sie aber, dass der Einsatz von Aromaölen nur begleitende Wirkung haben kann. Lange Perioden von Traurigkeit, vor allem, wenn dafür kein äußerer Grund vorhanden ist, sollten Sie mit einem Psychotherapeuten angehen. Gegen Winterdepression können Sie Ihre Weihnachtsdekoration für die Aromatherapie nutzen: Spicken Sie ein oder zwei Orangen mit ganzen Nelken. Durch das Eindrücken der Nelken in die Früchte tritt aus der Orangenschale das duftende Öl aus.

Anwendung
Äußerlich: in Kosmetikprodukten oder in der Duftlampe.

Überforderung

Hafer – Avena sativa

Hafer besitzt eine nervenstärkende und beruhigende Wirkung und macht belastbarer. Siehe Erschöpfung, Seite 79.

Anwendung
Innerlich: als Tropfen (Urtinktur) oder Tee.

Unruhezustände

Baldrian

Siehe Schlafstörungen, Seite 86.

Anwendung
Innerlich: als Tropfen oder Tabletten.

Zitronenmelisse – Melissa officinalis

Für schöne Träume sorgt ein Tee aus den Blättern der bittersüß duftenden Zitronenmelisse.

Zitronenmelisse wird meist nur als Melisse bezeichnet und hat ein bittersüß-frisches Aroma. Ihre beruhigenden und entspannenden Eigenschaften werden in der Pflanzenheilkunde von jeher geschätzt. Melisse hilft auch bei nervös bedingten Magen-Darm-Beschwerden, auch bei nervösen Herzbeschwerden. Allerdings ist ihre Wirkung sehr mild, sodass sie eher bei leichteren Unpässlichkeiten Anwendung findet. Melisse kann als Tee, als Tropfen oder als Aromaöl in der Duftlampe verwendet werden. Das ätherische Öl dieser Pflanze ist aber nicht sehr stabil, weshalb ein Tee aus frischen Melisseblättern erfrischender schmeckt als ein Tee aus getrockneten Blättern. Laut Hildegard von Bingen wirkt Melissentee am Abend schlaffördernd und schenkt gute Träume.

Anwendung
Innerlich: als Tropfen (Urtinktur), als Tee.
Äußerlich: als Öl zum Einreiben, in der Duftlampe.

Passionsblume – Passiflora incarnata

Siehe Schlafstörungen, Seite 86.

Anwendung
Innerlich: als Tropfen (Urtinktur).

Verzweiflung

Myrte – Myrtus communis

Myrte ist auch bekannt unter dem Namen Brautmyrte, da sie als Symbol für Jungfräulichkeit, Jugend, Schönheit und Fruchtbarkeit oft mit in den Brautkranz geflochten wurde. Ihr Öl, das auch »Engelswasser« heißt, riecht würzig-aromatisch und hellt bei Verzweiflung die Seele auf. Auf der körperlichen Ebene wirkt das in Myrtenöl enthaltene Myrtol auf die Nasennebenhöhlen.

Anwendung
Äußerlich: als Öl in der Duftlampe für die Seele.

Homöopathie für die Seele

Die Homöopathie wurde von dem deutschen Arzt Samuel Hahnemann (1755 bis 1843) begründet, an dessen 250. Geburtstag man im Jahr 2005 in vielen Ländern der Erde erinnert hat. Homöopathie wird weltweit erfolgreich praktiziert, ihre Anwendungsmöglichkeiten sind enorm vielseitig, da alle Arten von Krankheiten und seelischen Störungen auf dieses Verfahren ansprechen.

Der deutsche Arzt Samuel Hahnemann (1755–1843), der in seinem Leben auch als Chemiker, Schriftsteller und Übersetzer tätig war, ist der Begründer der Homöopathie.

Samuel Hahnemann, der als Perfektionist Zeit seines Lebens auf der Suche nach Verbesserungen war, gab – aus Enttäuschung über die damaligen Behandlungsmethoden – den Arztberuf nach seinem Medizinstudium zunächst wieder auf. Es störte ihn, dass die Patienten immer kränker wurden, weil die damals eingesetzten Arzneien aus hochgradig giftigen Stoffen wie Quecksilber, Arsen, Schwefel und Ähnlichem bestanden. Um sie verträglich zu machen, verdünnte er die Mittel so lange, bis sie ungefährlich waren. Erstaunlicherweise verloren die Medikamente dadurch nicht ihre Wirkung – im Gegenteil, diese verbesserte, vertiefte und verfeinerte sich sogar. Allerdings reicht schlichte Verdünnung nicht aus, sondern die Arzneien müssen potenziert werden (siehe Seite 95). Nachdem Hahnemann durch das Potenzierungsverfahren ungiftige, aber hoch wirksame Arzneien herstellen konnte, bekam er wieder Spaß am Behandeln und führte eine äußerst erfolgreiche Praxis. In seinen letzten Lebensjahren praktizierte er in Paris, genoss internationales Ansehen und behandelte Patienten aus ganz Europa.

Auch Laien können Homöopathie erfolgreich einsetzen, wenn sie sich an wichtige Grundregeln halten. So zeigt sie gute Erfolge bei einfachen akuten Störungen. Übertragen auf seelische Probleme bedeutet das: Leichtere Beeinträchtigungen und Symptome, die erst seit kurzem – also seit wenigen Wochen – bestehen, dürfen Sie selbst behandeln. Störungen und Erkrankungen, die schwerwiegender sind oder schon länger – seit mehreren Wochen, Monaten oder Jahren – bestehen, gehören in fachkundige Hände. Das gilt natürlich ohnehin bei schweren Depressionen, einer Borderline-Störung, einer Psychose oder bei Sinnkrisen mit Selbstmordgedanken.

Die drei Säulen der Homöopathie

Die Homöopathie gründet auf drei Säulen, die Sie kennen sollten und die wir hier kurz vorstellen. Es handelt sich dabei um das Ähnlichkeitsprinzip, die Arzneimittelprüfung und die Potenzierung.

Das Ähnlichkeitsprinzip

Das Ähnlichkeitsprinzip war in der Medizin schon seit Jahrtausenden bekannt, wurde aber erst von Samuel Hahnemann aufgegriffen und zur Behandlung von Krankheiten genutzt.

Vielleicht lesen oder lasen Sie gerne deutsche Sagen und kennen die Geschichte von Parsifal. In der gleichnamigen Oper von Richard Wagner sagt Parsifal, der zunächst etwas minderbemittelt wirkende Held, gegen Ende einen wichtigen Satz: »Allein eine Waffe taugt – die Wunde schließt der Speer nur, der sie schlug.«

Erst nachdem er die Bedeutung dieses Satzes in ganzer Tiefe begriffen hat, kann er den Gralskönig Amfortas, der von der heiligen Lanze verletzt wurde, von seinem langen unsäglichen Leiden erlösen, indem er eben diese Lanze über die klaffende Wunde hält, die sich daraufhin sofort zu schließen beginnt.

Sicher war es kein Zufall, dass Richard Wagners Familie die Methode der homöopathischen Selbstmedikation nutzte, oder?

Das Ähnlichkeitsprinzip lässt sich jedoch noch viel weiter in der Geschichte Europas zurückverfolgen: bis ins alte Griechenland.

Als die Griechen gegen Troja in den Krieg zogen, überquerten sie die Ägäis und landeten südlich des Ortes in Kleinasien. Der ansässige Fürst verbat sich eine Landung der griechischen Flotte, und es kam zum Kampf. Achill, der mächtigste Krieger der Griechen, verletzte den fremden Fürsten im Kampf mit seiner Lanze und schlug ihm eine Wunde in der Flanke. Kurz darauf erkannte man, dass beide Völker eigentlich befreundet waren, und stellte den Kampf ein. Es gab nur ein Problem: Die Wunde des Fürsten entzündete sich und wollte nicht heilen, außerdem verur-

sachte sie entsetzliche Schmerzen. Die Ärzte bemühten sich nach bestem Wissen und Können, aber es gab keine Heilung. Als letzte Lösung blieb – damals so üblich – die Befragung des Orakels. Und das Orakel sprach den Satz, den Sie nun schon von Parsifal kennen: »Die Wunde schließt der Speer nur, der sie schlug.«
Nun war abermals guter Rat teuer, da man keine Ahnung hatte, wie das praktisch umzusetzen war. Nach vielem Hin und Her hatte Odysseus, der listige Grieche, eine Idee. Er schlug vor, an der Speerspitze zu feilen und ein wenig Eisenstaub in die Wunde rieseln zu lassen. Das führte zum Erfolg: Die Wunde schloss sich, und der Fürst konnte sich wieder seines Lebens freuen!
So erzählt es uns die Sage – mit vielen Anklängen an Magie und Mystik. Heute wird die Homöopathie jedoch nicht nach magischen oder mystischen, sondern nach wohl definierten Regeln angewandt. Um die Ähnlichkeitsregel anschaulich zu machen, hier einige eindrucksvolle und leicht verständliche Beispiele aus dem Alltag.

Apis mellifica – die Honigbiene

Was passiert, wenn Sie von einer Biene gestochen werden? Der Bereich um den Stich schwillt an, rötet sich, schmerzt und brennt. Kühlung durch Eis oder einen kalten Umschlag bringt Besserung. Der Bienenstich löst eine heftige Entzündung aus und ähnelt einer akuten allergischen

Das homöopathische Heilmittel »Honigbiene« wird vor allem bei Insektenstichen eingesetzt.

Reaktion. Das Ähnlichkeitsprinzip besagt, dass man das homöopathische Mittel Honigbiene (Apis mellifica) deswegen als Arznei bei akuten allergischen oder allergieähnlichen Entzündungen einsetzen kann. Und es wirkt: insbesondere bei der Behandlung von Insektenstichen mit einer deutlichen Schwellung.

Coffea – Kaffee

Können Sie gut einschlafen, wenn Sie zu viel Kaffee getrunken haben? Vermutlich nicht. Sie liegen wach, wälzen Ihre Gedanken um und kommen einfach nicht zur Ruhe. Das heißt, Kaffee bewirkt eine Einschlafstörung. Allerdings: Wenn Sie kurzzeitig – seit ein paar Tagen – Einschlafprobleme haben, können Sie diese genau mit Coffea (= Kaffee) in homöopathischer Potenzierung behandeln.

Allium cepa – die Küchenzwiebel

Haben Sie schon einmal eine Küchenzwiebel geschält und klein geschnitten? Bestimmt! Was dabei passiert, weiß jeder: Der Zwiebelduft lässt die Augen tränen, die Nase laufen, und vielleicht müssen Sie sogar niesen. Dieser Zustand erinnert an einen Schnupfen. Und in der Tat kann der einfache, unkomplizierte Schnupfen mit Allium cepa (Küchenzwiebel) erfolgreich behandelt werden.

Tabacum – Tabak

Erinnern Sie sich noch an das elende Gefühl, das Sie hatten, nachdem Sie zum ersten Mal eine Zigarette oder Zigarre geraucht haben? Manch einer kennt diesen Zustand als Auswirkung von Reise- oder Seekrankheit. Gerade deshalb wird Tabacum (Tabak) als homöopathische Arznei gegen Reisekrankheit genutzt.

Urtica urens – die Brennnessel

Wenn man eine Brennnessel gestreift hat, bilden sich auf der Haut größere oder kleinere rötliche Flecke, die etwas erhaben sind. Das schmerzt und brennt, manchmal kann es auch jucken. Es sieht aus wie bei einer akuten Nesselsucht oder Urtikaria, die 25 Prozent aller Menschen mindestens einmal in ihrem Leben bekommen. Wenn Sie plötzlich davon überrascht werden, können Sie Urtica urens (Brennnessel) in homöopathischer Zubereitung als Sofortmedikation einnehmen.

Die Wirkung von Sepia (Tinte des Tintenfischs) entdeckte Hahnemann bei einem befreundeten depressiven Maler.

Die Arzneimittelprüfung

Vielleicht haben Sie schon von Samuel Hahnemanns berühmtem Selbstversuch mit der Chinarinde gehört. 1790 nahm Hahnemann Chinarindenpulver ein. Das war damals die Standardarznei gegen Malaria. Hahnemann war zur Zeit der Einnahme gesund; er wollte die Arznei testen. Er nahm also das Pulver ein und geriet in einen malariaähnlichen Zustand. Er schrieb sich jedes einzelne Symptom auf, das bei ihm im Zusammenhang mit der Einnahme der Arznei erschien, und dokumentierte so die erste Arzneimittelprüfung. Andere Substanzen testete er in ähnlicher Weise an sich selbst. Substanzen, von denen er wusste, dass sie giftig sind, verdünnte er so lange, bis die Einnahme nicht mehr mit einem gesundheitlichen Risiko verbunden war. Besonders nett ist die Geschichte über die Entdeckung der arzneilichen Wirkung von Sepia (Tinte des Tintenfischs). Es wird erzählt, Hahnemann sei mit einem Maler befreundet gewesen, der unter Depressionen und einem Hautausschlag litt. Hahnemann, der messerscharf beobachtete, war aufgefallen, dass sein Freund beim Malen immer wieder den Pinsel in den Mund nahm und ihn befeuchtete. Darum empfahl er ihm, das Abschlecken des Pinsels zu unterlassen. Das Unerwartete geschah: Der Hautausschlag verschwand allmählich und die Depressionen ebenfalls. Nun war es nur noch ein kleiner Schritt, das Pigment Sepia, das damals zur Herstellung dunkler Farben verwendet wurde, als Ursache für die Erkrankung zu benennen. So hatte Hahnemann die arzneiliche Wirkung von Sepia (Tinte des Tintenfischs) entdeckt. Hahnemann prüfte eine große Anzahl von Arzneien und dokumentierte die dazugehörigen Symptome akribisch; seine Schüler und Kollegen halfen ihm dabei.

Potenzierung

Wir haben schon erwähnt, dass Samuel Hahnemann arzneiliche Substanzen verdünnte, weil er wusste, dass Gifte durch das Verdünnen ihre Gefährlichkeit verlieren. Vermutlich hat er gemäß dem gesunden Menschenverstand erwartet, dass die Wirkungen der verdünnten Arzneien mit zunehmendem Verdünnungsgrad immer schwächer wurden. Überraschenderweise war das Gegenteil der Fall! Sie vertieften und verfeinerten sich sogar mit zunehmender Verdünnung immer weiter. Ein Trick ist allerdings noch dabei: Es funktioniert nur dann, wenn die Verdünnung schrittweise geschieht und wenn das Arzneimittelgefäß bei jedem Verdünnungsschritt mehrmals fest auf eine gepolsterte Unterlage geschlagen wird. Man nennt dieses Schlagen »Verschütteln«. Nach jedem Verdünnungsschritt muss verschüttelt werden, dann wird weiter verdünnt, wieder verschüttelt, verdünnt, verschüttelt und so weiter.
Zur homöopathischen Selbstbehandlung mit den vorgestellten homöopathischen Mitteln empfehlen wir die Potenz D12. Zur Dosierung siehe Kapitel »Einnahme und Dosierung«, Seite 96.

Heilungshindernisse

Heilungshindernisse müssen Sie kennen und beachten, da sie die Wirkung einer richtig gewählten homöopathischen Arznei sonst zunichte machen können!

In unserer Ernährung und Umgebung gibt es einige Hindernisse, die eine Heilung mit Homöopathie erschweren oder zunichte machen können, trotz Auswahl einer passenden Arznei. Zu den wichtigsten Heilungshindernissen, die vermieden werden sollten, zählen Kaffee, koffeinhaltige Limonaden, Schwarztee, Kamillentee, Pfefferminztee, Kampfer, Menthol, Aloe vera, ätherische Öle beziehungsweise ätherisch-aromatische Substanzen aller Art, wie sie vorkommen in Zahnpasta, Badeölen und -essenzen. Essig, Wein, Bier und Zigaretten können in bestimmten Mengen und bei einigen Menschen die Wirkung homöopathischer Arzneien behindern. Wenn Sie die homöopathische Arznei beim Schlafengehen einnehmen, putzen Sie zuerst die Zähne, warten eine halbe Stunde ab und können dann die Arznei im Mund zergehen lassen. Suchtverhalten jeglicher Art kann auch zum Heilungshindernis werden. Dasselbe gilt für schwere psychosoziale Belastungen, wie chronischer Ärger, Streit, Mobbing, über Jahre andauernde Schichtarbeit oder Ähnliches.

Einnahme und Dosierung

Wie bereits gesagt wurde, empfehlen wir Ihnen, zur homöopathischen Selbstmedikation die Potenz D12 zu nutzen. Alle homöopathischen Arzneien bekommen Sie als Globuli (Kügelchen aus Rohrzucker), Tabletten oder Tropfen in der Apotheke. Fünf Globuli entsprechen einer Tablette oder fünf Tropfen Arznei (Vorsicht: Die Tropfen enthalten zur Konservierung Alkohol!). Wenn nicht anders angegeben, nehmen Sie einmal pro Tag eine Dosis ein, also einmal fünf Globuli oder einmal eine Tablette oder einmal fünf Tropfen der ausgewählten Arznei. Zeitpunkt der Einnahme sollte beim Schlafengehen sein (eine halbe Stunde nach dem Zähneputzen!). Die Einnahme erfolgt, indem Sie Globuli und Tabletten im Mund zergehen lassen beziehungsweise die Tropfen auf der Mundschleimhaut für einige Sekunden einwirken lassen.

Nehmen Sie die Arznei nicht länger als vier Wochen ein. Dauern Ihre Beschwerden weiter an, sollten Sie einen Arzt konsultieren.

Wichtig: Wenn Ihre Beschwerden sich gebessert haben, setzen Sie die homöopathische Arznei ab.

Alle homöopathischen Mittel werden in der Apotheke als Tropfen, Globuli und in Tablettenform angeboten.

Wie finden Sie die passende Arznei?

Auf den folgenden Seiten finden Sie ein Verzeichnis von Symptomen und Beschwerden. Bestimmen Sie Ihr Hauptsymptom und nehmen Sie das Mittel, das dort angegeben ist. Halten Sie sich bei der Einnahme an die oben angegebene Dosierungsregel.

Nach vier Wochen beenden Sie die Einnahme der Arznei. Wenn Ihre Beschwerden dann immer noch bestehen, müssen Sie einen Arzt aufsuchen.

Die homöopathische Erstreaktion

Gelegentlich tritt bei homöopathischer Behandlung eine so genannte Erstreaktion auf. Das bedeutet: Ihre Beschwerden können sich vorübergehend verschlimmern. Es handelt sich hierbei um eine Heilreaktion Ihres Organismus auf die eingenommene Arznei. Was Sie dann tun müssen, ist ganz einfach: Sie setzen die Arznei ab und warten, bis die Erstreaktion abgeklungen ist – das kann wenige Tage dauern. Wenn sich Ihr Zustand wieder gebessert hat, nehmen Sie die Arznei weiter ein und können dann mit weiteren Verbesserungen Ihres Zustands rechnen. Falls eine vermutete Reaktion nach Absetzen der Arznei nicht abklingt, handelt es sich nicht um eine Erstreaktion. Ihre Zustandsverschlechterung hat dann andere Gründe, und Sie sollten einen homöopathischen Arzt aufsuchen.

Die Konstitutionsbehandlung

Wenn Sie unter einer seelischen Störung oder Erkrankung leiden, die schon Monate oder gar Jahre andauert, sollten Sie bei einem Homöopathen eine so genannte Konstitutionsbehandlung durchführen lassen. Denn wie gesagt: Homöopathische Selbstbehandlung ist nur zur Behandlung von einfachen akuten Störungen geeignet. Der Grund dafür: Die Arzneimittelauswahl wird sehr schwierig und komplex, wenn Sie unter chronischen Beschwerden leiden. Der Homöopath sammelt in einem Erstgespräch (der so genannten homöopathischen Anamnese) umfangreiche Informationen über alle Ihre Vorerkrankungen, die Sie je hatten. Dabei geht es sowohl um körperliche als auch um seelische Erkrankungen. Er möchte wissen, was Sie essen, wie Sie Nahrungsmittel vertragen, ob Sie leicht schwitzen oder frieren, wie Ihr Appetit und Durst beschaffen sind, wie Ihre Verdauung funktioniert, wie Sie schlafen, wie Sie als Mensch im Leben stehen, was Sie beruflich machen, welche Qualität Ihre Beziehungen in Familie und Partnerschaft haben, welche Erkrankungen es in Ihrer Familie gibt, und noch einiges mehr. All diese Informationen braucht der Homöopath, um die passende Arznei für Sie auswählen zu können. Eine homöopathische Anamnese beim Erwachsenen dauert im Schnitt 90 Minuten, häufig auch länger. Daran schließt sich eine weitere Phase an, in der der Homöopath die vielen gewonnen Informationen analysiert und auswertet.

Symptome und Beschwerden

Im Folgenden listen wir eine Auswahl von Symptomen und Beschwerden auf, die Ihnen helfen soll, Ihr Problem genau zu bestimmen und das dazu passende homöopathische Mittel zu finden, das Linderung bringt.

Ängste, diffus

Ängste sind sehr weit verbreitet. Sie können unterschiedliche Intensität erreichen; das Spektrum reicht von leichten Ängsten, die kaum beeinträchtigen, bis hin zu Panikattacken, die dazu führen, dass jemand nicht mehr aus dem Haus geht. In der Homöopathie unterscheiden wir ungerichtete, diffuse Ängste und Furcht oder Angst vor konkreten Dingen oder Situationen. Ängste sind sehr ernst zu nehmen, da sich durch die Einnahme von Medikamenten, die sie dämpfen sollen, sehr schnell eine Abhängigkeit und Sucht entwickeln kann. Besonders gefährlich sind in dieser Hinsicht die so genannten Tranquilizer (Substanzgruppe Benzodiazepine – machen schon nach 14 Tagen süchtig!). Dazu kommt, dass die Entwöhnung von Tranquilizern sehr langwierig ist: Die körperliche Entgiftung dauert mehrere Wochen (zum Vergleich: Die körperliche Alkoholentgiftung nimmt in der Regel sieben bis zehn Tage in Anspruch). Im Folgenden finden Sie homöopathische Arzneien, die gegen verschiedene Formen von Angst eingesetzt werden können. Leiden Sie unter gravierenderen Ängsten oder sind Sie bereits süchtig, sollten Sie einen Arzt aufsuchen!

Arsenicum album (Arsen)

Sie werden besonders nachts, zwischen Mitternacht und drei Uhr, von quälenden Ängsten oder magischen Zwangsvorstellungen heimgesucht. Möglicherweise leiden Sie auch unter heftigen, unerträglichen Schmerzen, die Sie mit einem körperlichen Leiden in Verbindung bringen. Sie sollten auf jeden Fall einen Arzt aufsuchen. Obwohl Sie eher verfroren sind, haben Sie Lust auf Kaltes, was Sie jedoch schlecht vertragen.

Calcium carbonicum (Austernschalenkalk)

Ihr »Markenzeichen« ist die Langsamkeit, ohne dies negativ zu bewerten! Dafür liegen Ihre Qualitäten in Ihrer Beharrlichkeit, Ausdauer und Ihrem Durchhaltevermögen: Was Sie machen, machen Sie richtig, und Sie bringen es zu Ende. Ihre Ängstlichkeit macht Ihnen das Leben dabei nicht gerade einfach. Bedingt durch Ihre Langsamkeit fühlen Sie sich schnell überfordert und ziehen sich in Ihre eigene, innere Welt zurück. Dadurch wiederum werden Sie noch langsamer. Auch Ihr Stoffwechsel ist verlangsamt, was sich unter anderem in Verdauungsproblemen und Kaltschweißigkeit äußert.

Phosphorus (Phosphor)

Sie sind extrovertiert, offen und stets aufgeschlossen. Sie genießen es, im Mittelpunkt der Aufmerksamkeit zu stehen. Ihr Nervenkostüm leidet ein wenig unter genereller Erregbarkeit beziehungsweise Übererregbarkeit. Sie sind neugierig und ablenkbar. Trotz Ihrer Offenheit können Sie durchaus schüchtern sein, besonders am Anfang einer Begegnung. Sie leiden unter schnell wechselnden Stimmungen. Ihr größtes Problem sind ständige Ängste, die Sie jedoch nicht genauer benennen können. Alle Ihre Beschwerden bessern sich durch Körperkontakt wie Handauflegen oder Massieren – Sie lassen sich auf diese Weise schnell beruhigen.

Angst/Furcht vor konkreten Dingen oder Situationen

Furcht vor dem Alleinsein

Arsenicum album (Arsen)

Siehe Beschreibung Seite 98.

Lycopodium (Bärlappsporen)

Sie haben Angst, in der Öffentlichkeit zu versagen, vor neuen, unbekannten Situationen, und leben immer in der Erwartung, dass etwas schief gehen oder etwas Schlimmes passieren könnte. Quälend unangenehm ist Ihnen die Vorstellung, sich in irgendeiner Weise lächerlich zu machen. Hintergrund ist die Angst vor Status- und Prestigeverlust, Sie fürchten, dass Ihre Schwächen aufgedeckt werden könnten. Ihre Ängste und schlimmen Vorahnungen empfinden Sie oft im Magen und Unterbauch. Ihr Mangel an Selbstwertgefühl ist ausgeprägt, Sie wollen daher Kontrolle und Macht ausüben. Da Sie Furcht vor Fremden haben, tun Sie außerhalb der eigenen vier Wände, als könnten Sie kein Wässerchen trüben. Zu Hause aber, im Rahmen der Familie, können Sie zum Diktator und

Tyrann werden! Sie sind gereizt, wenn man Ihnen nicht gehorcht oder Ihren Anweisungen nicht schnell genug Folge leistet. Sie sind herrisch, doch dabei bedürftig und ängstlich. Widerspricht man Ihnen, so vertragen Sie das außerordentlich schlecht. Anderen gegenüber können Sie richtig tadelsüchtig sein. Alleinsein mögen Sie gar nicht.

Phosphorus (Phosphor)

Siehe Beschreibung Seite 99.

Furcht vor der Dunkelheit

Calcium carbonicum (Austernschalenkalk)

Siehe Beschreibung Seite 98.
In der Dunkelheit wird Ihre generelle Ängstlichkeit noch gesteigert.

Lycopodium (Bärlappsporen)

Siehe Beschreibung Seite 99.
Wenn es dunkel ist, steigern sich Ihre Ängste ins Unermessliche.

Bestimmte homöopathische Mittel nehmen die Angst vor Dunkelheit, nicht nur Kindern.

Phosphorus (Phosphor)

Siehe Beschreibung Seite 99.
Zu den ständigen Ängsten, die Sie quälen, gehört auch die Angst vor der Dunkelheit.

Furcht in engen Räumen (Klaustrophobie)

Aconitum (Eisenhut)

Aconitum gehört wie Belladonna zu den wichtigsten Arzneien für plötzlich auftretende, akute, heftige Symptome, typischerweise, nachdem man kaltem Wind ausgesetzt war. Aconitum-Zustände zeigen sich in heftigen, plötzlich auftretenden Ängsten, die sich bis zu Panikattacken steigern können. Selbstbehandlung mit Aconitum ist nur sinnvoll, wenn die klaustrophobischen Ängste erst seit kurzem bestehen. Sie sollten einen Psychotherapeuten aufsuchen.

Argentum nitricum (Silbernitrat, Höllenstein)

Die Arznei wirkt auf Geist und Gemüt, wenn Sie zittern und sich sehr schwach fühlen. Argentum nitricum hilft Geschäftsleuten, Studenten, Kopfarbeitern und Menschen mit Prüfungsangst. Unter Stress haben Sie die Empfindung, als wären Körperteile vergrößert oder bandagiert. Auch das Gefühl, Ihr Kopf sei vergrößert, kann vorhanden sein. Ein Aufenthalt in einem engen geschlossenen Raum ist der Horror für Sie.

Ärger

Haben Sie zu Ihren Mitmenschen schon einmal gesagt: »Ich bin schon ganz krank vor Ärger?« Oder vielleicht haben Sie es noch nie laut ausgesprochen, aber schon einmal so etwas gedacht? In beiden Fällen sollten Sie Ihrer Intuition, die sich so mitteilt, trauen: Wenn man eine Disposition dazu hat, kann man durch Ärger durchaus krank werden. Dabei geht es weniger darum, wie groß der Anlass war, der den Ärger ausgelöst hat. Entscheidend ist die Heftigkeit und Intensität des gefühlten Ärgers, der gefühlten Emotion. Auf jeden Fall sollten Sie sich Gedanken darüber machen, wie Sie die Menge an täglichem Ärger reduzieren können. Ihre Bereitschaft, sich zu ärgern, kann zusätzlich durch eine passende Arznei verringert werden.

Chamomilla (Kamille)

Chamomilla passt besonders gut auf Beschwerden schwangerer und stillender Frauen. Problem ist eine ausgeprägte Überempfindlichkeit, die zu einer extremen Gereiztheit führt. Bei bestehender Gereiztheit kann schon ein geringer Anlass zu einem heftigen Wutanfall führen. Starke Schmerzen treten als begleitende oder im Vordergrund stehende Symptome auf. Sie steigern sich in Ihre Ärger hinein, werden plötzlich äußerst verdrießlich, unleidlich und zanksüchtig. Kleinigkeiten werden aufgebauscht, und das führt zu regelrechten Wutanfällen, die sich bis zur Raserei steigern können. Kaffeetrinken verschlimmert diese Zustände, deshalb sollten Sie darauf weitgehend verzichten.

Nux vomica (Brechnuss)

Sie lieben das pralle Leben mit allem, was dazugehört! Da Sie alles mitnehmen, was nur geht, stehen Sie natürlich permanent unter höchstem Zeit-, Leistungs- und innerem Druck. Jede Minute ist kostbar und verplant. Weil alles sehr schnell gehen muss, sind Sie sehr ungeduldig. Um Ihr Energieniveau aufrechtzuerhalten, verlangen Sie nach allen Reizmitteln und Reizen, die unsere Kultur hergibt: Kaffee, Alkohol, Tabak, gutes Essen, Sex ... Ihre Überempfindlichkeit ist sprichwörtlich, Sie sind überreizt und übererregbar. Heftige körperliche und emotionale Reaktionen sind daher vorprogrammiert. Besonders anfällig sind Sie für Ärger. Sie regen sich über alles und jeden auf, auch über Lappalien. Wenn die Summe Ihres Ärgers eine gewisse Marke überschreitet, wenn Ihr Fass also überläuft, werden Sie krank.

Staphisagria (Stephanskraut)

Grundthema von Staphisagria ist eine hochgradige seelische Empfindsamkeit. Sie sind unerhört sensibel und feinfühlig gegenüber allen realen und befürchteten oder vorausgeahnten Angriffen auf Ihr Ego. Ob die Angriffe, die von außen auf Sie zukommen, berechtigt sind oder nicht, real oder eingebildet, das ist egal, es macht Ihnen gleich viel zu schaffen, Sie sind äußerst leicht zu kränken und geraten schnell in Rage, die als Abwehrhaltung zu verstehen ist. Die sexuelle Erregbarkeit kann sehr ausgeprägt sein. Bei dieser Empfindlichkeit ist es kein Wunder, dass Ärger zur seelischen Katastrophe wird und als inneres Erdbeben oftmals größere psychische Schäden anrichtet.

Ärger und Zorn, unterdrückter

Lycopodium (Bärlappsporen)

Siehe Beschreibung Seite 99.
Eine Ihrer am häufigsten empfundenen Emotionen ist Ärger. Sie ärgern sich oft, auch über Kleinigkeiten. Zeitweise können Sie Ihren Ärger unterdrücken, wenn Sie Angst haben, ihn zu äußern – beispielsweise Ihrem Chef gegenüber. Der unterdrückte Ärger rächt sich jedoch und löst unterschiedlichste seelische und körperliche Symptome bei Ihnen aus. Für die Auswahl der Arznei ist nicht wichtig, welche Beschwerden das sind, sondern deren Ursprung: die unterdrückte Wut.

Staphisagria (Stephanskraut)

Siehe Beschreibung Seite 102.
Sie versuchen, sich Ihren Ärger äußerlich nicht anmerken zu lassen – warum auch immer: aus Contenance, aus Verlustängsten, aus Feinfühligkeit und so weiter. Doch auch wenn Sie glauben, Sie hätten sich und Ihre Spontaneität völlig im Griff – das innere Erdbeben, das der unterdrückte Ärger in Ihnen auslöst, ist zu heftig, weshalb Ihre Seele mit Befindlichkeitsstörungen und Unwohlsein reagiert. Sie sollten nicht nur Staphisagria nehmen, sondern sich auch überlegen, wie Sie Ihrem Ärger konstruktiv Luft machen können.

Eifersucht, Beschwerden durch/Folgen von

Manche Menschen sind oder werden regelrecht krank vor Eifersucht. Dabei stellt sich weniger die Frage, ob die Eifersucht berechtigt ist, sondern vielmehr wie stark sie gefühlt wird. Hohe gefühlte Intensität kann einen Menschen völlig aus dem Gleichgewicht bringen, auch bei objektiv geringfügigem Anlass. Das gilt für Kinder wie für Erwachsene.

Ignatia (Ignatiusbohne)

Ignatia wirkt auf Geist und Gemüt, insbesondere auf die emotionale Sphäre. Haben Sie öfter ein Kloßgefühl im Hals? Leiden Sie oder Ihre Umwelt unter Ihren rasch wechselnden und widersprüchlichen Zuständen und Stimmungen? Ignatia hilft, wenn der Zustand, unter dem Sie leiden, als Folge von Eifersucht oder unglücklicher Liebe aufgetreten ist.

Ihr Zustand verschlimmert sich durch Gemütsbewegungen wie Gram, Kränkung, Sorge, Schreck oder nach Verlust von Menschen, die Ihnen sehr viel bedeutet haben. Verschlimmernd wirkt auch der Genuss von Kaffee oder Tabak. Sie fühlen sich besser, wenn Sie essen, tendieren zum Frustessen. Sie sind stets auf der Hut, überempfindlich und nervös, haben Angst vor jeder Kleinigkeit. Sie können auch so richtig hysterisch reagieren. Von Kaffee, Zigarettenrauchen oder geistiger Anstrengung bekommen Sie Kopfschmerzen.

Lachesis (Gift der Buschmeisterschlange)

Auf körperlicher Ebene leiden Sie unter einem Energiestau, was sich in Hitzewallungen, Berührungsempfindlichkeit und Schluckbeschwerden äußern kann. Enge Kleidung ertragen Sie nicht, besonders am Hals, wo Sie auch das Gefühl eines Klumpens (Globusgefühl) haben können. Sie sind extrem empfindlich und misstrauisch, phasenweise auch verwirrt. Ihr Misstrauen kann in Eifersucht umschlagen, die Sie dann richtig gehend krank macht. Morgens, beim Aufwachen, sind die geschilderten Symptome am schlimmsten.

Pulsatilla (Küchenschelle) wird vor allem bei weinerlicher oder wechselhafter Stimmung eingesetzt und lindert Eifersucht.

Nux vomica (Brechnuss)

Siehe Beschreibung Seite 102.
Sehr heftig reagieren Sie, wenn Sie eifersüchtig sind, Ihre Eifersucht kann Sie sogar krank machen.

Pulsatilla (Küchenschelle)

Sie sind vom Naturell her sehr schüchtern und stets bemüht, anderen zu gefallen. Sie brauchen enorm viel offen gezeigte und wiederholt bewiesene Zärtlichkeit und Liebe. Ihr Wesen ist liebevoll und nachgiebig, Ihre Erscheinung adrett und ordentlich. Wenn Sie nicht die Aufmerksamkeit und Anerkennung Ihrer Lieben haben, werden Sie zum heulenden Elend. Der Grund dafür ist Eifersucht aufgrund permanenter Angst vor Liebesverlust. Wenn Sie befürchten, dass Ihnen jemand Ihre Stellung streitig macht, reagieren Sie ebenfalls sofort eifersüchtig, unter Umständen auch aggressiv, was sonst nicht Ihrer Art entspricht. Wenn Sie aufrichtig getröstet werden, sind Sie jedoch schnell wieder versöhnt.

Enttäuschung

Sind Sie jemand, der nach Enttäuschungen – gleich welcher Art und Ursache – krank wird? Dann sollten Sie sich die folgenden Arzneien genauer anschauen. Es spielt keine Rolle, ob die Enttäuschung objektiv betrachtet einen »richtigen« Anlass hatte oder nicht. Das heißt, dass Menschen, die vom Naturell entsprechend feinsinnig oder empfindlich sind, durchaus auf einen »banalen« Auslöser emotional heftig reagieren können.

Ignatia (Ignatiusbohne)

Siehe Beschreibung Seite 103.

Natrium chloratum/Natrium muriaticum (Kochsalz)

Sie sind ein sehr ernsthafter und zurückhaltender Mensch mit der Tendenz, emotional gefärbte Kommunikation zu vermeiden und sich abzuschotten. Tief innen haben Sie einen enorm starken Drang zu Perfektion und Erfolg. Umso schlimmer ist es für Sie, wenn Sie sich – berechtigt oder unberechtigt – von jemandem enttäuscht fühlen. Wenn Sie ein Problem haben, so bitten Sie andere lieber nicht um Hilfe, weil Sie glauben, dass das Eingeständnis einer Schwäche Sie als minderwertig dastehen lassen würde. Manchmal hält Ihre Umwelt Sie für einen neunmalklugen Tugendbold. Sie leiden unter genereller Befangenheit, weil Sie sich ständig mit den Meinungen anderer über Sie beschäftigen. Sie haben Angst vor Einladungen zu öffentlichen und gesellschaftlichen Veranstaltungen. Ganz hervorragend beherrschen Sie die hohe Kunst der Selbstanklage. Nach Enttäuschungen läuft Ihr innerer Scharfrichter erst recht zur Hochform auf und macht Ihnen das Leben zur Hölle. Sie sind eindeutig von introvertiertem Wesen, womöglich sogar ein Einzelgänger. Als junger

Mensch erscheinen Sie für Ihr Alter viel zu ernst. Tiefe innere Selbstkritik und Selbstverurteilung sind Ihr täglich Brot; ausgelacht zu werden ist für Sie gleichbedeutend mit emotionaler Vernichtung. Sie haben starke Gefühle, die permanent unter Kontrolle gehalten werden müssen.

Staphisagria (Stephanskraut)

Sie neigen zu heftigen Wutausbrüchen und sind häufig voller Ärger. Sie können schnippisch und barsch sein, sind dabei jedoch selbst höchst empfindlich. Selbstbeherrschung zählt nicht gerade zu Ihren Stärken. Auch Staphisagria gehört zu den wichtigsten Mitteln für die Folgen von Enttäuschung. In manchen Situationen kann sich Enttäuschung mit Ärger oder Zorn mischen und zur Entrüstung werden, wofür Staphisagria ebenfalls Linderung bringt.

Erektionsstörungen

Erektionsstörungen müssen immer beim Urologen fachärztlich abgeklärt werden. Allerdings ist es meist so, dass sie seelische Hintergründe haben. Wenn das Problem erst seit maximal einigen Wochen besteht, kann ein Versuch mit der Selbstbehandlung unternommen werden. Nach vier Wochen sollte die homöopathische Arznei abgesetzt werden. Wenn das Problem dann immer noch besteht, suchen Sie bitte einen homöopathischen Arzt auf. Nachfolgend finden Sie einige wichtige homöopathische Arzneien zur Behandlung von Erektionsstörungen. Vorteilhaft für die Potenz sind auf jeden Fall Gewichtsnormalisierung (das bedeutet in der Regel: abnehmen!); drei- bis viermal pro Woche eine Spaß bringende sportliche Betätigung von jeweils etwa 45 Minuten; Ernährungsumstellung auf basische Kost; Reduzierung von oder noch besser Verzicht auf Nikotin, Alkohol und Kaffee.

Argentum nitricum (Silbernitrat, Höllenstein)

Argentum nitricum ist eine wichtige Arznei gegen Lampenfieber (siehe Seite 112). Ein Negativerlebnis (das heißt ein nicht gelungener Geschlechtsverkehr beziehungsweise ein Nachlassen der Erektion vor oder während des Geschlechtsverkehrs) hat sich in Ihr Bewusstsein eingebrannt, und nun befürchten Sie, dass Sie beim nächsten Mal erneut versagen. Diese Befürchtung ist so stark, dass sie eine abtörnende Wirkung hat: Prompt klappt es beim nächsten Geschlechtsverkehr schon wieder nicht. Somit befinden Sie sich in einem Teufelskreis, aus dem Argentum nitricum Sie befreien kann, wenn das Problem sich nicht schon zu sehr festgesetzt hat.

Arsenicum album (Arsen)

Sie werden häufig nachts, zwischen Mitternacht und drei Uhr, von Ängsten, eventuell auch von Zwangsvorstellungen heimgesucht. Obwohl Sie eher verfroren sind, haben Sie Lust auf Kaltes, was Sie jedoch schlecht vertragen. Eine – mehr oder weniger starke – Neigung zur Zwanghaftigkeit können Sie nicht leugnen. Das bedeutet unter anderem, dass alles genau so laufen muss, wie Sie es sich vorstellen, also auch im Bett. Und das wiederum kann für Sie und Ihre Partnerin »abtörnend« sein. Versuchen Sie mal, das Ganze etwas lockerer zu sehen. Sorgen Sie auch dafür, dass Sie im Bett nicht gestört werden, zum Beispiel durch Ihre schlaflosen Kinder. Meiden Sie Alkohol, denn Sie vertragen ihn schlecht.

Barium carbonicum (Bariumkarbonat)

Sie sind ein echter Spätzünder und fühlen sich daher mit allem schnell überfordert, so auch im Bett. Es fällt Ihnen schwer, Verantwortung zu übernehmen. Ihr Mangel an Selbstwertgefühl und Ihre Tendenz, anderen zu misstrauen, führen dazu, dass Sie sich einigeln. Je mehr Sie sich zurückziehen, desto schüchterner werden Sie und desto schlechter klappt es im Bett. Verfrühte Samenabgänge können zur Verschärfung Ihres Problems beitragen; womöglich sind Sie beim Geschlechtsverkehr auch schon eingeschlafen. Ihre körperliche Verfassung sollten Sie durch Sport und gesunde Ernährung auf Vordermann bringen.

Calcium carbonicum (Austernschalenkalk)

Siehe Beschreibung Seite 98.
Das sexuelle Verlangen kann erhöht sein, wobei Erektionen nur mit Mühe und verlangsamt entstehen. Vorzeitige Samenergüsse, die mit wenig Druck erfolgen, können erschwerend hinzukommen.

Conium (Gefleckter Schierling)

Körperlich leiden Sie unter allmählichem Anschwellen und der Verhärtung mancher Drüsen, etwa im Genitalbereich (in diesem Fall suchen Sie unbedingt einen Arzt auf!). Sexualität ist sehr wichtig für Sie; unter sexueller

Enthaltsamkeit leiden Sie sehr. Umso dramatischer ist es für Sie, wenn die Potenz nachlässt. Vorzeitiger Samenerguss kann eines Ihrer Probleme sein oder früher gewesen sein. Sie versuchen das durch ständige Aktivität zu überspielen, was insofern gelingen mag, als Sie sich besser fühlen, solange Sie beschäftigt sind. Das sexuelle Problem wird dadurch natürlich nicht gelöst, sondern nur verdrängt. Alkohol bekommt Ihnen gar nicht.

Extreme seelische Empfindsamkeit und Reserviertheit, die mit selbstquälerischem Kummer verbunden sein können, kennzeichnen die Menschen, die Natrium chloratum/Natrium muriaticum (Kochsalz) benötigen.

Lycopodium (Bärlappsporen)

Siehe Beschreibung Seite 99.
Ihre Angst vor unbekannten Situationen und Kontrollverlust sowie die daraus resultierende Verstimmung wirkt sich auf die Potenz aus.

Natrium chloratum/Natrium muriaticum (Kochsalz)

Siehe Beschreibung Seite 105.
Sie wirken nach außen scheinbar emotionslos, haben jedoch sehr tief gehende Gefühle und Emotionen. Diese können durchaus auch negativ sein: Manchmal versenden Sie »Blicke, die töten könnten«. Auf Tadel reagieren Sie sehr empfindlich. Sie haben einen steten Wunsch nach Anonymität, um keinem Spott ausgesetzt zu sein. Manchmal zeigen Sie aus Hilflosigkeit eine Tendenz zum unangebrachten Lächeln. Trösten lassen Sie sich nicht gerne – im Gegenteil! Sie sagen auch Ihrem Partner lange nicht, was eigentlich mit Ihnen los ist. Selbstverständlich fällt es Ihnen sehr schwer, mit Ihrer Partnerin über Erektionsstörungen zu sprechen. Das sollten Sie je-

doch lernen. Natrium chloratum/Natrium muriaticum unterstützt Sie dabei. Diese Arznei ist auch dann passend, wenn Ihnen in Gegenwart anderer Personen das Wasserlassen schwer fällt oder gar unmöglich ist.

Nux vomica (Brechnuss)

Siehe Beschreibung Seite 102.
Weil bei Ihnen immer alles sehr schnell gehen muss, sind Sie allzu ungeduldig – keine gute Voraussetzung für Sex in entspannter Atmosphäre. Sie sind zwar sexuell sehr erregbar, es kann jedoch zum Erschlaffen des Penis während des Geschlechtsverkehrs kommen. Auch Ihr Verlangen nach Reizmitteln wie Kaffe, Alkohol oder Tabak, mit denen Sie Ihr Energieniveau aufrechterhalten, kann zur Erektionsstörung führen – verzichten Sie lieber darauf, sich auf diese Weise aufzuputschen.

Phosphorus (Phosphor)

Siehe Beschreibung Seite 99.
Obwohl Sie leicht erregbar sind und Ihr sexuelles Verlangen sehr stark ist, kann die Erektion zu schwach sein.

Essstörungen

Essstörungen sind meist chronischer Natur, das heißt, sie dauern lange an und müssen unbedingt ärztlich behandelt werden. Es gibt jedoch auch leichte, vorübergehende und kurzfristig bestehende Essstörungen, bei denen Sie einen Versuch der Selbstbehandlung unternehmen können.

Arsenicum album (Arsen)

Wenn Sie aufgrund von quälenden Ängsten, manischen Zwangsvorstellungen oder unerträglichen Schmerzen plötzlich den Appetit verloren haben, sollten Sie als Erstes eines tun: einen Arzt aufsuchen. Sie müssen untersucht werden, um Hilfe für Ihre Seele einzuleiten und um auf der körperlichen Ebene abzuklären, ob Sie nicht etwa ein Magengeschwür haben. Sie können Anblick und Geruch von Essen oder selbst das Denken daran nicht ertragen. Sie haben Lust auf Kaltes, was Sie jedoch nicht vertragen, eventuell sogar erbrechen müssen. Sie frieren leicht, wünschen sich daher eine warme Umgebung. Zwischen Mitternacht und drei Uhr morgens geht es Ihnen – sei es seelisch, körperlich oder beides – besonders schlecht.

Ignatia (Ignatiusbohne)

Kummer (siehe auch unten), der seit ein paar Tagen besteht, wie etwa akuter Liebeskummer, kann sich auf alle Lebensbereiche auswirken. Manche Menschen reagieren auf solch einen seelischen Schmerz mit Nahrungsverweigerung. Wenn Sie zu diesen Menschen gehören, können Sie Ignatia zur Linderung einsetzen.

Natrium chloratum/Natrium muriaticum (Kochsalz)

Auch ein Kummer, den Sie genau benennen können und schon seit längerer Zeit (seit Monaten oder länger) mit sich herumtragen, kann von Essstörungen begleitet sein. Besteht die Appetitlosigkeit nicht länger als zwei bis vier Wochen, ist Natrium chloratum/Natrium muriaticum für Sie die passende Arznei (siehe auch Kummer, unten).

Nux vomica (Brechnuss)

Siehe Beschreibung Seite 102.
Da Sie beim Essen zu Maßlosigkeit tendieren, wird Ihr Magen immer wieder überstrapaziert. Sie »überfressen« sich buchstäblich. Das nimmt Ihr Magen Ihnen nach einer gewissen Zeit übel! So kann es passieren, dass Sie Hunger haben, aber dennoch eine Abneigung gegen das Essen, da Sie wissen, dass Sie es nicht vertragen. Möglicherweise hat Ihr Magen auf Ihren stressigen Lebensstil mit der Entwicklung eines Geschwürs reagiert. Bei starken Magenschmerzen sollte ein Internist eine Magenspiegelung durchführen, um den Schmerzen und der Essstörung auf den Grund zu gehen. Die Stabilisierung des seelischen Gleichgewichts können Sie selbst in die Hand nehmen, bei Bedarf in Zusammenarbeit mit einem Psychotherapeuten.

Kummer

Kummer ist als Ursache von seelischen und körperlichen Erkrankungen sehr weit verbreitet. Meist lässt sich an der Ursache des Kummers nichts ändern. Homöopathische Arzneien wirken sehr tiefgreifend, auch und insbesondere auf das Gemüt. Richtig eingesetzt helfen sie, die Folgen des Kummers zu lindern und die Seele zu entlasten. Ein Selbstbehandlungsversuch ist allerdings nur sinnvoll, wenn die seelischen oder körperlichen Störungen erst seit kurzer Zeit bestehen und nicht zu schwerwiegend sind.

Störungen, die schon länger bestehen oder gravierenderen und ernsteren Charakter haben, müssen vom Arzt diagnostiziert und behandelt werden.

Ignatia (Ignatiusbohne)

Siehe Beschreibung Seite 103.

Natrium chloratum/Natrium muriaticum (Kochsalz)

Siehe Beschreibung Seite 105.
Sie tragen Kummer und Groll extrem lange mit sich herum, unter Umständen schon seit vielen Jahren. Besteht ein Zusammenhang zwischen diesem Kummer und Groll und Ihrem jetzigen seelischen Leid, ist Natrium chloratum/Natrium muriaticum das passende Mittel.

Nux vomica (Brechnuss)

Siehe Beschreibung Seite 102.
Unvorhergesehene traurige Ereignisse treffen Sie besonders hart. Der unerwartete Kummer wirft Sie komplett aus der Bahn und nimmt Ihnen Ihre Energie, lähmt Sie.

Lampenfieber/ Erwartungsangst

Eine Rede, ein öffentlicher Auftritt steht bevor, und Sie sind so aufgeregt, dass Sie befürchten, alles wird schiefgehen? Mit dem passenden homöopathischen Mittel bringen Sie Ihren Vortrag im wahrsten Sinn des Wortes leichter über die Bühne!

Lampenfieber vor einem öffentlichen Auftritt kann durch verschiedene homöopathische Mittel abgemildert werden.

Argentum nitricum (Silbernitrat, Höllenstein)

Siehe Beschreibung Seite 101.
Es geht Ihnen schlechter durch bevorstehende wichtige Ereignisse, heftige Gemütsbewegungen (wie etwa Angst, Furcht, Schreck), Aufenthalt in Menschenmengen oder in geschlossenen Räumen und durch geistige Anstrengung. Besserung erfahren Sie durch Aufenthalt in kühler Luft, im Freien, durch ein kaltes Bad, durch festen Druck, durch Bewegung oder indem Sie sich zusammenkrümmen.

Gelsemium (Gelber Jasmin)

Gelsemium wirkt auf Muskeln und Nerven. In den Muskeln spüren Sie Schmerzen, Müdigkeit, Schwere, Schwäche, Wundheitsgefühl. Einzelne Muskeln des Gesichts oder der Zunge können zittern oder zucken. Manche Muskeln gehorchen vorübergehend Ihrem Willen nicht. Sie fühlen sich benommen, schwindlig, schläfrig, leiden in der aufregenden Situation unter häufigem Harndrang. Ihr Zustand verschlechtert sich vor Prüfungen, durch starke Gemütsbewegungen – wie Furcht, Schock, Überraschung –, bei feuchtem Wetter, Frühlingswetter, nebligem Wetter, Sonnenhitze, Gewitter, durch Zigarettenrauchen oder auch beim Denken an die eigenen Beschwerden. Besser geht es Ihnen durch reichliches Wasserlassen, Schwitzen, alkoholische Getränke, Ablenkung durch geistige Beschäftigung oder fortgesetzte Bewegung wie etwa Joggen oder Spazierengehen. Sie sind verwirrt, benommen, apathisch, verhalten sich wie ein Verrückter, haben Angst vor Prüfungen. Ihr Wahrnehmungsvermögen ist beeinträchtigt und verlangsamt. Sie fühlen sich wie betrunken, leiden unter Kopfweh, bei dem ein Band um Ihren Schädel zu liegen scheint. Der Kopf ist heiß, das Gesicht erhitzt und dunkelrot, die Gliedmaßen sind kalt. Das Kinn zittert, der Unterkiefer wackelt in seitlicher Richtung. Ihr Mund scheint sich zusammenzuziehen, was zu einer Behinderung der Sprache führt. Die Zunge wird schwer und taub, die Sprache unartikuliert, wie bei einem Betrunkenen.

Lycopodium (Bärlappsporen)

Siehe Beschreibung Seite 99.
Ihr Lampenfieber, Ihre schlimmen Vorahnungen und Ihre Ängste empfinden Sie oft im Magen und Unterbauch. Kurios ist: Sobald Sie mit Ihrem Vortrag begonnen haben, schwindet die Angst.

Natrium chloratum/Natrium muriaticum (Kochsalz)

Siehe Beschreibung Seite 105.

Phosphorus (Phosphor)

Siehe Beschreibung Seite 99.

Pulsatilla (Küchenschelle)

Siehe Beschreibung Seite 104.

Silicea (Kieselerde)

Silicea ist geeignet für Personen mit angegriffenen, überempfindlichen Nerven. Es ist das Mittel der Wahl, wenn Sie zu nachgiebiger, mutloser, ängstlicher, empfindsamer und weinerlicher Stimmung tendieren. Ihr Zustand verschlimmert sich durch Kälte, kalte Luft, Zugluft, feuchte Kälte, kaltes Baden, Aufregung, geistige Anstrengung oder Wetterumschwung. Besser geht es Ihnen durch warmes Einhüllen, besonders des

Silicea (Kieselerde) beruhigt die Nerven und nimmt Selbstzweifel.

Kopfes, Handauflegen, Massieren. Ihre Angst vor einem bevorstehenden Ereignis verschwindet, sobald das Ereignis stattfindet und Sie feststellen, dass Sie den Anforderungen gewachsen sind. Ihre Versagensängste erweisen sich meist als unbegründet. Allerdings suchen Sie häufig nach passenden Worten und versprechen sich gerne.

Menschenscheu/Ängste, soziale

Soziale Ängste sind unter Menschen jeglichen Alters sehr weit verbreitet. Man spricht auch von sozialer Phobie. Das bedeutet, dass jede Begegnung, insbesondere aber die mit Fremden, zum schier unüberwindlichen Hindernis wird. Menschen mit sozialen Ängsten ziehen sich zurück und leiden meist unter ihrer Isolation, da sie sich im Grunde gerne mit anderen Menschen treffen würden (siehe auch Schüchternheit, übermäßige, Seite 117). Mögliche begleitende Symptome sind: Erröten, Schweißausbrüche am ganzen Körper, Schwitzen der Handflächen, Herzklopfen. Die berufliche Karriere kann ernsthaft gefährdet sein, da der Betroffene dazu neigt, Kommunikation mit anderen Menschen zu vermeiden. Der Versuch einer Selbstbehandlung ist nur sinnvoll, wenn Sie noch nicht lange unter sozialen Ängsten leiden. Sie sollten in jedem Fall eine Psychotherapie bei einem Therapeuten Ihres Vertrauens beginnen.

Lycopodium (Bärlappsporen)

Siehe Beschreibung Seite 99.

Natrium carbonicum (Natriumkarbonat)

Sie leiden unter einem überempfindlichen, schwachen Magen, der Sie bereits geringe Diätfehler büßen lässt. Emotional sind Sie gewissermaßen ausgehungert; infolge des Mangels hat sich eine ausgeprägte Sensibilität entwickelt. Bereits geringe Reize von außen lösen bei Ihnen schlechte Gefühle oder sogar körperliche Beschwerden aus. Wenn Sie klassische Musik hören, werden Sie geradezu depressiv. Die generelle Überempfindlichkeit bewirkt, dass Sie sich zurückziehen; so wirken Sie nach außen hin menschenscheu.

Natrium chloratum/Natrium muriaticum (Kochsalz)

Siehe Beschreibung Seite 105.

Schlafstörungen

Solange wir gut schlafen, denken wir kaum über den Wert dieser Erholungsphase nach. Klappt es mit dem Schlafen nicht mehr so richtig, dann leidet sofort die Leistungs- und Konzentrationsfähigkeit. Treten Schlafstörungen bereits regelmäßig auf, sind sie wesentlich schwieriger zu behandeln. Daher ist es wichtig, in einem frühen Stadium Gegenmaßnahmen zu ergreifen. Man unterscheidet Ein- und Durchschlafstörungen. Wenn Sie regelmäßig sehr früh in der Nacht erwachen und nicht mehr einschlafen können, besteht der Verdacht, dass Sie unter einer depressiven Störung leiden: Sie sollten einen Arzt aufsuchen!

Avena sativa (Hafer) Urtinktur

Der gewöhnliche Hafer versorgt mit seinen Inhaltsstoffen Gehirn und Nervensystem, weshalb er nützlich bei nervöser Erschöpfung und Schlaflosigkeit ist. Folgende Dosierung, die von der üblichen abweicht, hat sich besonders bewährt: Nehmen Sie eine Stunde vor dem Schlafengehen 20 bis 30 Tropfen in etwas heißem Wasser ein. Wenn nötig wiederholen oder die Dosis erhöhen.

Coffea (Kaffee)

Sind Sie wegen eines oder ganz ohne aktuellen Anlass überreizt und überempfindlich? Wälzen Sie sich mit kreisenden Gedanken schlaflos im Bett hin und her? Dann ist Coffea als Einschlafhilfe für Sie geeignet.

Ignatia (Ignatiusbohne)

Siehe Beschreibung Seite 103.
Können Sie aufgrund eines akuten Kummers nicht schlafen, ist Ignatia das Mittel der Wahl.

Nux vomica (Brechnuss)

Siehe Beschreibung Seite 102.
Wenn Sie nach einem späten überreichlichen Essen Kaffee getrunken haben oder über eines Ihrer vielen aktuellen und geplanten Projekte grübeln, wissen Sie, weshalb Sie nicht schlafen können. Nux vomica wird Ihnen helfen, allerdings nur vorübergehend. Sie müssen unbedingt Ihren Lebensstil ändern, um die Ursache Ihrer Schlafstörung zu beseitigen.

Schreck, Schock

Ein Schreck oder Schock hat Nachwirkungen auf den gesamten Organismus und erfasst Seele und Körper. Wenn Sie einmal an einem Verkehrsunfall beteiligt waren, wissen Sie, was gemeint ist. Selbst wenn es beim Unfall zu keinen körperlichen Verletzungen kommt, reagiert der Kreislauf, wir bekommen weiche Knie und zittern, uns wird übel, wir verspüren Angst oder Unruhe. Bei der Erinnerung an das Ereignis können sich die körperlichen und psychischen Beschwerden wieder einstellen. Die möglichen Folgen eines Schrecks oder Schocks werden völlig unterschätzt, sowohl für Erwachsene als auch für Kinder. Dabei spielt es keine Rolle, ob der Auslöser des Schrecks objektiv heftig war oder nicht. Entscheidend ist, was jemand subjektiv dabei gefühlt hat.

Aconitum (Eisenhut)

Aconitum und Belladonna sind die beiden wichtigsten homöopathischen Arzneien für plötzlich auftretende, heftige Symptome, typischerweise nachdem man kaltem Wind ausgesetzt war. Aconitum gehört außerdem zu den wichtigsten Arzneien für die Folgen von Schock und/oder Schreck. Aconitum wirkt auch dann, wenn das schockierende Ereignis schon längere Zeit zurückliegt.

Arnica (Bergwohlverleih)

Bei Traumata körperlicher oder seelischer Art hat sich Arnica (Bergwohlverleih) bewährt.

Sie leiden unter den Folgen eines Schocks und/oder einer Überanstrengung. Nach dem eigentlichen Kollaps – der kurz nach dem Trauma stattfand – können sich über längere Zeit hinweg Phasen der Überempfindlichkeit mit Phasen der Apathie und des Rückzugs abwechseln. Arnica ist in der Homöopathie die wichtigste Arznei für alle Arten von Verletzungen, auch seelischen, die ein akutes Trauma, ein Schreck oder Schock hinterlassen kann.

Schüchternheit, übermäßige

Schüchternheit und soziale Ängste (siehe auch Menschenscheu, Seite 114) können nach außen, also für die Umwelt, ähnlich aussehen, unterscheiden sich jedoch in der inneren Dynamik des Betroffenen.

Barium carbonicum (Bariumkarbonat)

Sie sind ein echter Spätzünder und fühlen sich daher mit allem schnell überfordert. Es fällt Ihnen schwer, Verantwortung zu übernehmen. Ihr Mangel an Selbstwertgefühl und Ihre Tendenz, anderen zu misstrauen, führen dazu, dass Sie sich zurückziehen. Je mehr Sie sich zurückziehen, desto schüchterner werden Sie.

Lycopodium (Bärlappsporen)

Siehe Beschreibung Seite 99.
In fremder oder ungewohnter Umgebung sind Sie so schüchtern, dass Sie nicht wissen, wo Sie hinschauen sollen. Deshalb vermeiden Sie auch, wo Sie können, Blickkontakt.

Pulsatilla (Küchenschelle)

Siehe Beschreibung Seite 104.
Trotz Ihrer Schüchternheit nehmen Sie Trost immer gerne und in unbegrenzten Mengen an. Ihre Weinerlichkeit rührt Ihre Umwelt zu großem und stetem Mitleid – vor allem, wenn Sie eine Frau sind! Als Mann haben Sie es eher schwer, ernst genommen zu werden.

Silicea (Kieselerde)

Siehe Beschreibung Seite 113.

Sinnkrise

Manche Menschen werden durch Verkettung unglücklicher Umstände oder durch einen Schicksalsschlag (vorübergehend) aus der Bahn geworfen. Da wir es hier mit unter Umständen bedrohlichen Zuständen zu tun haben, müssen Sie einen Arzt aufsuchen, wenn Sie sich in dieser Rubrik wiedererkennen. Parallel können Sie begleitend und unterstützend das passende homöopathische Mittel einnehmen.

Arsenicum album (Arsen)

Möglicherweise bedingt durch eine ernste körperliche Erkrankung, die mit schlimmen Schmerzen einhergehen kann, zweifeln Sie an allem. Besonders nachts, zwischen Mitternacht und drei Uhr, geht es Ihnen extrem schlecht. Wenn Sie allein sind, kann alles noch schlimmer sein. Obwohl Sie eher verfroren sind, haben Sie Lust auf Kaltes, was Sie jedoch schlecht vertragen. Suchen Sie auf jeden Fall einen Arzt auf!

Aurum metallicum (Gold)

Sie besitzen hohe Ideale und wollen die Welt verbessern. Dafür haben Sie sich mit all Ihrer Energie eingesetzt, mit allem Überschwang. Während Sie sich immer weiter verausgabt haben, mussten Sie jedoch erkennen, dass Ihre Ideen nicht realisierbar sind. Die harte Landung in der Realität konnten Sie letztlich nicht verkraften, Sie wurden schwer enttäuscht und leiden darunter. Möglicherweise setzen Ihnen auch schlimme körperliche Schmerzen zu. Durch all das befinden Sie sich in einer tiefen Sinnkrise. Suchen Sie unbedingt einen Arzt auf!

Aurum metallicum (Gold) wird bei emotional stark belastenden Ereignissen genommen.

Lachesis (Gift der Buschmeisterschlange)

Sie verfallen in eine Art religiöse Verzweiflung, deren Hintergründe kompliziert sind. Auf jeden Fall sollten Sie einen Arzt konsultieren. Auf körperlicher Ebene leiden Sie unter einem Energiestau, was sich in Hitzewallungen, Berührungsempfindlichkeit und Schluckbeschwerden äußern kann. Enge Kleidung ertragen Sie nicht, besonders am Hals, wo Sie auch das Gefühl eines Klumpens (Globusgefühl) haben können. Sie sind extrem empfindlich und misstrauisch, phasenweise auch verwirrt.

Pulsatilla (Küchenschelle)

Siehe Beschreibung Seite 104.
Wenn Sie sich über längere Zeit abgelehnt und ungeliebt fühlen, werden Sie untröstlich; das Ganze kann sich zu einer ernsthaften Sinnkrise ausweiten, wenn Sie nicht rechtzeitig von nahe stehenden Personen liebevoll getröstet werden.

Stimmungsschwankungen

Häufige Stimmungswechsel sind für den Betroffenen selbst sowie dessen Umwelt eine Belastung; dies gilt im privaten wie auch im beruflichen Rahmen. Ein Selbstbehandlungsversuch ist sinnvoll, wenn Sie erst seit kurzer Zeit unter Stimmungsschwankungen leiden. Ansonsten suchen Sie bitte einen Arzt oder Therapeuten auf.

Ignatia (Ignatiusbohne)

Siehe Beschreibung Seite 103.

Lycopodium (Bärlappsporen)

Siehe Beschreibung Seite 99.
Ihr ausgeprägter Mangel an Selbstwertgefühl führt dazu, dass Sie Kontrolle und Macht ausüben wollen. Gelingt dies nicht oder widerspricht Ihnen jemand, so kann Ihre Stimmung schnell umschlagen.

Platinum (Platin)

Sie sind sehr stolz und sich eigentlich zu gut für diese Welt. Da Sie sich für etwas Besseres halten, geraten Sie natürlich in Isolation. Ihre dennoch vorhandenen, hoch ambivalenten Wünsche nach Kontakt leben Sie bevorzugt über Ihre Sexualität aus. Da Sie emotional hoch aufgeladen sind, kommt es häufig zu Enttäuschungen, in die Sie sich stark hineinsteigern. Da Sie auch noch voller Widersprüche stecken, ist es auch nicht verwunderlich, dass Sie unter starken Stimmungsschwankungen leiden.

Trauer: siehe Kummer

Wechseljahrsbeschwerden

Etwa zwischen Anfang vierzig und Mitte Fünfzig setzen bei Frauen die Wechseljahre ein. Manche erleben das Ausbleiben der Regel und damit verbunden das Wegfallen der Verhütung als Befreiung. Andere sehen in diesem Umbruch den Verlust ihrer Weiblichkeit. Der Körper verändert sich, insbesondere die Schleimhäute und das Bindegewebe.
Die Wechseljahre können für einige Frauen zu einem echten Leidensweg mit großen Belastungen für die Seele werden. Hitzewallungen und depressive Verstimmungen gehören zu den bekanntesten Beschwerden in dieser Umbruchphase. Wenn die Kinder aus dem Haus sind, stellt sich für manche Frauen, die nicht berufstätig waren, die Sinnfrage (siehe auch Sinnkrise, Seite 117). Die Risiken der Hormonersatztherapie sind mittlerweile bestens bekannt. Erfreulicherweise lassen sich Wechseljahrsbeschwerden gut mit Homöopathie behandeln. Eine Selbstbehandlung ist aber nur sinnvoll, wenn Ihre Beschwerden erst seit kurzer Zeit bestehen. Ansonsten sollten Sie einen Homöopathen aufsuchen.

Lachesis (Gift der Buschmeisterschlange)

Siehe Beschreibung Seite 104.
Bedingt durch die hormonellen Umstellungen der Wechseljahre leiden Sie auf körperlicher Ebene unter einem Energiestau.

Pulsatilla (Küchenschelle)

Siehe Beschreibung Seite 104.
All Ihre seelischen Empfindlichkeiten können sich in den Wechseljahren ins Extreme steigern, worunter Ihre Umwelt (fast) genauso leidet wie Sie. Ihr Glück im Unglück ist: Ihre Weinerlichkeit rührt Ihre Umwelt zu großem und stetem Mitleid. Trost ist Ihnen also sicher.

Typische Wechseljahrsbeschwerden, wie Hitzewallungen, depressive Verstimmungen oder Überempfindlichkeit, lassen sich gut mit Sepia (Tinte des Tintenfischs) behandeln.

Sepia (Tinte des Tintenfischs)

Sie sind eine wirklich komplizierte und vielschichtige Persönlichkeit mit durchaus widersprüchlichen Seiten. Sie lieben heftige Bewegung wie etwa exzessives Tanzen oder andere Sportarten, wobei man nie so genau weiß, ob Sie damit gerade Aggressionen abbauen oder sich stimulieren, um aus einem Sumpf von Trägheit herauszukommen. Auch Sie leiden unter den »üblichen« Wechseljahresproblemen wie Hitzewallungen, depressiven Verstimmungen und Überempfindlichkeit. Mit Sepia verbunden ist auch die Empfindung, die Unterleibsorgane würden nach unten drängen und drücken.

Zwangsvorstellungen, Zwänge

Zwänge und Zwangsvorstellungen sind ernste Störungen, die die Lebensqualität im Alltag dramatisch beeinträchtigen können. Sie sollten unbedingt einen Arzt oder Therapeuten aufsuchen. Parallel dazu kann ein Selbstbehandlungsversuch sinnvoll sein, wenn das Problem noch nicht lange besteht.

Arsenicum album (Arsen)

Siehe Beschreibung Seite 98.

Schüßler-Salze – Mineralstoffe für die Seele

Mineralsalze nach Dr. Schüßler gleichen den Mineralstoffwechsel aus und helfen bei vielen alltäglichen Wehwehchen. Was wenige wissen: Schüßler-Salze können auch bei seelischen Beschwerden eingesetzt werden. Denn: Wenn der Mineralstoffwechsel im Gleichgewicht ist, dann kann auch die Seele wieder aufatmen.

Dr. Wilhelm Heinrich Schüßler (1821–1898) schuf die Mineralsalztherapie.

Vor mehr als 130 Jahren entdeckte der Oldenburger Arzt Dr. med. Wilhelm Heinrich Schüßler (1821 bis 1898) die Bedeutung der Mineralsalze für alle lebenswichtigen Funktionen im menschlichen Organismus. Er entwickelte dabei ein Therapieverfahren, das nicht zu einer bloßen Auffüllung der Mineralien dient, sondern auch ihre optimale Verteilung im Organismus gewährleistet. Die Mineralstoffe, die er auswählte, stimmen mit denen überein, die im menschlichen Körper vorkommen und dort lebenswichtige Funktionen erfüllen. Durch ein spezielles Herstellungsverfahren, das homöopathische Potenzieren, gelang es ihm, die Mineralien so aufzuschließen, dass sie gut aufgenommen und verwertet werden können. Die Erfolge, die Dr. Schüßler damit erzielte, waren so groß, dass dieses Verfahren als »Mineralsalztherapie nach Dr. Schüßler« oder als »Biochemie nach Dr. Schüßler« in die Geschichte eingegangen ist. Seine zwölf Mineralsalze nannte er biochemische Funktionsmittel oder auch Lebenssalze, weil sie die Funktionen des menschlichen Organismus verbessern, wenn Störungen oder Krankheiten aufgetreten sind. Dr. Schüßler war sich sicher, dass mit diesen zwölf Mineralsalzen, die er erst im Laufe einiger Jahre entdeckte, die meisten akuten und chronischen Gesundheitsstörungen behandelt werden können. Die Erfolge, die mit Schüßler-Salzen bis heute erzielt wurden, geben ihm Recht. Die Mineralsalztherapie ist ein überschaubares und einfaches Verfahren, weshalb es sich zu einer beliebten volksmedizinischen Behandlungsmethode entwickelt hat und aus vielen Hausapotheken nicht mehr wegzudenken ist.

Die Wirkweise der Schüßler-Salze

Nach Dr. Schüßler entstehen Krankheiten, wenn der Mineralstoffhaushalt der Zellen gestört ist. So zielte seine Therapie darauf ab, die biochemischen Substanzen im Körper durch Gabe bestimmter Zubereitungen wieder richtig zu verteilen. Je nach Art der Gesundheitsstörung sind dazu ein, zwei oder mehrere bestimmte Schüßler-Salze nötig, um dem Organismus wieder die nötigen Impulse zu geben. Bei akuten Erkrankungen stellt sich der Erfolg oft schon in wenigen Stunden ein. Bei chronischen Beschwerden ist eine Kur von sechs Wochen oder länger nötig – je nach Art der Störung.
Ein Ungleichgewicht des Mineralstoffhaushalts macht sich in bestimmten Symptomen bemerkbar, die charakteristisch für sie jeweiligen Salze und nicht nur körperlicher Art sind. Bei Mineralstoffstörungen verändert sich auch der Seelenzustand des Menschen auf bestimmte Art und Weise. So zeigt sich beispielsweise ein gestörter Natriumchloridhaushalt auf der körperlichen Ebene als Heuschnupfen, drückt sich aber auch in seelischen Symptomen wie Traurigkeit aus. Durch Einnahme von Schüßler-Salz Nr. 8 Natrium chloratum (Natriumchlorid) kommen Körper und Seele wieder ins Gleichgewicht.

Wie kommt es zu Störungen im Mineralstoffwechsel?

Dr. Schüßler ging in seinem Buch »Eine abgekürzte Therapie« (1874) davon aus, dass Veränderungen im Mineralstoffhaushalt durch einen pathogenen, also krank machenden Reiz entstehen und hat sich nicht näher dazu geäußert, was ein solcher Reiz sein könnte. Heute wissen wir, dass es zum einen eine erblich bedingte Neigung, eine Anlage zu bestimmten Krankheiten gibt, die jeweils mit einer entsprechenden Störung im Mineralstoffhaushalt einhergeht. Diese Krankheitsanlage ist im Gesicht und an der gesamten Erscheinung des Menschen erkennbar, was von einigen Therapeuten zur Diagnose genutzt wird. Zum anderen spielt die Lebensweise eines Menschen eine entscheidende Rolle: seine Ernährung, wie er sich bewegt, ob er sich regelmäßig Erholung gönnt, wie er mit sich, mit anderen und mit Konflikten umgeht. All das hat Auswirkung darauf, ob er die Krankheiten, zu denen er neigt, auch wirklich bekommt.

Warum Schüßler-Salze potenziert sind

Dr. Schüßler ging davon aus, dass bereits ein kleiner Anstoß – eine kleine Menge an potenzierten Mineralstoffen – genügt, um die Mineralienverteilung im menschlichen Körper wieder in die richtigen Bahnen zu lenken. Potenzieren, die besondere Herstellungstechnik nach dem Homöopathischen Arzneibuch, macht die besondere Wirkung der Schüßler-Salze aus (siehe Seite 95). Dr. Schüßler war es wichtig, dass die Mineralsalze von den Zellen gut aufgenommen werden können. Ihm war bekannt, dass der Gehalt an einzelnen Mineralstoffen innerhalb einer Zelle verschwindend gering ist. So ist das Schüßler-Salz Nr. 4 Kalium chloratum (Kaliumchlorid) in der Zelle nur in einer Menge vorhanden, die der 12. Dezimalpotenz, also einer Kaliumchlorid-D12-Tablette entspricht. Dr. Schüßler ging nun davon aus, dass die Zelle den Mineralstoff besser aufnehmen kann, wenn er in gleicher oder ähnlicher Konzentration verabreicht wird, wie er sich auch in der Zelle findet. Die Erfolge, die er und seine Nachfolger mit potenzierten Mineralsalzen bis heute haben, geben ihm Recht. Er hat die Mineralsalze durch das Potenzieren »zellgängig« gemacht. Aus diesem Grund verwendete Dr. Schüßler auch nur niedrige Dezimalpotenzen und keine wie in der Homöopathie üblichen Hochpotenzen.

Schüßler-Salze, bei denen es sich um Mineralsalze handelt, sind in Tablettenform und als Salben erhältlich. Sie schmecken nicht etwa salzig sondern süß, da sie mit Milchzucker verrieben wurden. Die apothekenpflichtigen Schüßler-Salze sind durchnummeriert von Salz Nr. 1 Calcium fluoratum (Kalziumfluorid) bis Salz Nr.12 Calcium sulfuricum (Kalziumsulfat). Die Tabletten werden in D3-, D6- und D12-Potenzen angeboten, die Salben in D4-Potenzen. Dr. Schüßler arbeitete zu Beginn mit verschiedenen Dezimalpotenzen und legte später für jedes seiner Salze eine so genannte »Regelpotenz« fest, eine Potenz, bei der das entsprechende Salz erfahrungsgemäß am besten wirkt. Für die Schüßler-Salze Nr. 1, 3 und 11 ist D12 die Regelpotenz, für alle übrigen D6. Wir empfehlen, sich zunächst an die Regelpotenzen zu halten, bis Sie genügend eigene Erfahrungen mit Schüßler-Salzen gesammelt haben und die Unterschiede selbst erkennen können. Die Schüßler-Salze werden nach den Regeln des Homöopathischen Arzneibuches hergestellt und sind allesamt apothekenpflichtig.

Die Anwendung der Schüßler-Salze

Die Mineralsalztherapie nach Dr. Schüßler ist für jeden Menschen geeignet, um den Mineralstoffhaushalt wieder auszugleichen und um bereits entstandene Gesundheitsstörungen wieder in den Griff zu bekommen. Besonders Kinder sprechen sehr gut auf diese nebenwirkungsfreie und sehr effektive Behandlungsmethode an. Die Mineralsalztherapie nach Dr. Schüßler eignet sich besonders gut für die Hausapotheke: zur Behandlung von Erkältungskrankheiten, Schmerzen aller Art, Verbrennungen, Verletzungen, Verdauungsbeschwerden, Schlafstörungen, Wachstumsbeschwerden, Warzen, aber auch bei seelischen Beschwerden.
Die Therapie mit Mineralsalzen nach Dr. Schüßler gehört, wie alle in diesem Buch vorgestellten Methoden, zur Erfahrungsmedizin – sie lebt von der praktischen Erfahrung, die mit ihr gemacht wurde und wird. Die Anwendung von Schüßler-Salzen ist risikoarm, da diese nicht manipulierend, sondern sanft regulierend wirken. Wenn Sie die Salze zur Behandlung seelischer Beschwerden einsetzen, dann sollten Sie bereits nach wenigen Tagen eine spürbare Erleichterung erfahren. Wenn Sie nach einer

Die Mineralsalze für die biochemische Therapie nach Dr. Schüßler werden als Tabletten mit Milchzucker verrieben sowie als Salben in der Apotheke verkauft.

Woche keine Veränderungen spüren, gilt es noch einmal zu überprüfen, ob Sie wirklich das richtige Mittel gefunden haben. Im Zweifelsfall wenden Sie sich an einen Therapeuten, der mit Schüßler-Salzen arbeitet.

Wie werden Schüßler-Salze eingenommen?

Bei plötzlich auftretenden Befindlichkeitsstörungen empfiehlt es sich, das in Frage kommende Salz für ein bis zwei Wochen einzunehmen, bis sich der Zustand wieder stabilisiert hat. Wenn die Befindlichkeitsstörungen schon länger bestehen, sollten Sie das benötigte Salz mindestens vier Wochen lang einnehmen.

Schüßler-Salze geben dem Zellstoffwechsel Impulse, um die Mineralienaufnahme und -verteilung zu verbessern. Dazu genügt oft schon die tägliche Einnahme weniger Mineralsalztabletten.

Dosierung: Dreimal täglich eine Tablette jeweils vor den Mahlzeiten langsam im Mund zergehen lassen. Wenn Sie eines der Ergänzungsmittel einnehmen, sollten Sie dabei höchstens zwei Tabletten täglich pro Mittel verwenden.

Wenn Sie unsere Dosierungsempfehlungen lesen, sind Sie möglicherweise erstaunt, da Therapeuten mitunter bis zu 100 Tabletten täglich verordnen. Manche Therapeuten behandeln nach dem Motto »Viel hilft viel«. Wer die Gesetze des Lebens durchschaut hat, weiß, dass weniger oft mehr ist. Das erkannte schon Dr. Schüßler, der in seinem Buch »Eine abgekürzte Therapie« (1874) schrieb: »Die Dosis eines zu biochemischem Zwecke verwendeten Salzes darf eher zu klein als zu groß sein. Ist sie zu klein, so führt die Wiederholung derselben zum Ziele; ist sie zu groß, so wird der beabsichtigte Zweck ganz verfehlt.«

Die Schüßler-Salze und Ergänzungsmittel

Bei seiner Suche nach einer gut überschaubaren Therapie, die nur aus wenigen Mitteln bestehen sollte, fand Dr. Schüßler im Laufe mehrerer Jahre zwölf Mineralsalze, die wichtige körperliche und geistige Funktionen erfüllen: die zwölf biochemischen Funktionsmittel.

Jedem dieser Salze ist nun neben der Wirkung auf den Zellstoffwechsel, die in zahlreichen Büchern beschrieben ist, auch eine seelische Wirkung zuzuordnen. Mitunter wechseln sich körperliche und seelische Symptome ab, oft treten sie auch gleichzeitig auf. Nach Dr. Schüßlers Tod fanden einige seiner Nachfolger, vor allem Dieter Schöpfwinkel, noch wei-

tere zwölf Mineralsalze, die Ergänzungsmittel Nr. 13 bis 24. Den Ergänzungsmitteln werden wichtige Stoffwechselfunktionen zugeschrieben. Viele von ihnen helfen auch bei seelischen Störungen.
Im nachfolgenden Kasten haben wir die zwölf Schüßler-Salze und Ergänzungsmittel für Sie mit ihren lateinischen und deutschen Namen aufgelistet.

Schüßler-Salze und Ergänzungsmittel auf einen Blick

Die zwölf biochemischen Funktionsmittel

Schüßler-Salz Nr. 1 Calcium fluoratum D12 (Kalziumfluorid)
Schüßler-Salz Nr. 2 Calcium phosphoricum D6 (Kalziumphosphat)
Schüßler-Salz Nr. 3 Ferrum phosphoricum D12 (Eisenphosphat)
Schüßler-Salz Nr. 4 Kalium chloratum D6 (Kaliumchlorid)
Schüßler-Salz Nr. 5 Kalium phosphoricum D6 (Kaliumphosphat)
Schüßler-Salz Nr. 6 Kalium sulfuricum D6 (Kaliumsulfat)
Schüßler-Salz Nr. 7 Magnesium phosphoricum D6 (Magnesiumphosphat)
Schüßler-Salz Nr. 8 Natrium chloratum D6 (Natriumchlorid)
Schüßler-Salz Nr. 9 Natrium phosphoricum D6 (Natriumphosphat)
Schüßler-Salz Nr. 10 Natrium sulfuricum D6 (Natriumsulfat)
Schüßler-Salz Nr. 11 Silicea D12 (Kieselsäure)
Schüßler-Salz Nr. 12 Calcium sulfuricum D6 (Kalziumsulfat)

Die zwölf Ergänzungsmittel

Nr. 13 Kalium arsenicosum D6 (Kaliumarsenit)
Nr. 14 Kalium bromatum D6 (Kaliumbromid)
Nr. 15 Kalium jodatum D6 (Kaliumjodid)
Nr. 16 Lithium chloratum D6 (Lithiumchlorid)
Nr. 17 Manganum sulfuricum D6 (Mangansulfat)
Nr. 18 Calcium sulfuratum D6 (Kalziumsulfid)
Nr. 19 Cuprum arsenicosum D6 (Kupferarsenit)
Nr. 20 Kalium Aluminium sulfuricum D6 (Kaliumaluminiumsulfat, Alaun)
Nr. 21 Zincum chloratum D6 (Zinkchlorid)
Nr. 22 Calcium carbonicum D6 (Kalziumcarbonat)
Nr. 23 Natrium bicarbonicum D6 (Natriumbicarbonat, Natron)
Nr. 24 Arsenicum jodatum D6 (Arsentrijodid)

Symptome und Beschwerden

Die hier aufgeführten biochemischen Funktions- und Ergänzungsmittel helfen bei körperlichen und seelischen Beschwerden. Sie finden bei vielen Symptomen, beispielsweise bei Unruhe, gleich mehrere infrage kommende Schüßler-Salze. Um herauszufinden, welches Schüßler-Salz in Ihrem Fall am besten geeignet ist, lesen Sie sich die Kurzbeschreibung des Salzes durch. Meist treten die seelischen Beschwerden in Begleitung mit körperlichen Störungen auf. Zusammen geben die Symptome Auskunft über das passende Salz oder die passenden Salze. Versuchen Sie zunächst, ein Salz zu finden, das auf Ihre Beschwerden zutrifft. Es ist durchaus möglich, dass Sie zwei oder gar drei Salze benötigen, dann können Sie die Behandlung Ihrer seelischen Beschwerden auch mit einer Kombination aus diesen Schüßler-Salzen beginnen. Nehmen Sie dazu von jedem der Salze maximal zwei Tabletten pro Tag ein. Am besten verteilen Sie die Einnahme über den Tag: Das erste Salz am Morgen, das zweite am Mittag und das dritte am Abend im Mund zergehen lassen.

Calcium phosphoricum (Kalziumphosphat) hilft bei Angstzuständen.

Ängste

Schüßler-Salz Nr. 2 Calcium phosphoricum D6 (Kalziumphosphat)

Bei plötzlich auftretenden Angstzuständen, auch bei Existenzängsten, eventuell in Verbindung mit Herzstolpern, Herzrasen und Kreislaufschwäche hilft Kalziumphosphat wie alle Kalziumsalze zur Stabilisierung. Lassen Sie aber in jedem Fall auch von einem Arzt für innere Medizin abklären, ob es für Ihre Herzbeschwerden eine organische Ursache gibt. Der Phosphatanteil des Salzes übt eine beruhigende Wirkung auf das Nervensystem aus. Wenn Sie sich also regelrecht in Ihre Ängste hineinsteigern können und sich dabei innerlich verkrampfen, dann ist Kalziumphosphat für Sie das passende Mittel. Die seelische Problematik, die der Angst zugrunde liegt, besteht in einem mangelnden Vertrauen ins Leben. Dies können Sie durch die Einnahme von Kalziumphosphat oder einem anderen Kalziumsalz allein nicht zurückgewinnen. Solche Vertrauensverluste sind meist jahrzehntelang angelegte Familienthemen.

Vertrauen in das Leben entsteht nur langsam wieder, wenn Sie sich immer die Rhythmen des Lebens vergegenwärtigen und versuchen, sie in Ihr eigenes Leben einzubauen. Dazu gehören ein geordneter Tagesablauf mit regelmäßigen Essens- und ausreichenden Ruhezeiten sowie eine der jeweiligen Saison angepasste Ernährung. Zudem wecken Spaziergänge im Freien und die Beobachtung der Natur im Wandel der Jahreszeiten wieder ein Gefühl für den uns umgebenden Rhythmus.

Körperliche Ebene:
Die nervliche Schwäche und Angst äußert sich auf der körperlichen Ebene in allergischen Sofortreaktionen und Störungen im Knochenstoffwechsel und im Knochenwachstum. Kalziumphosphat ist das Knochensalz in der Biochemie und wird zur Prophylaxe und zur Behandlung von Osteoporose eingesetzt. Häufig tritt ein pelziges Gefühl auf der Zunge auf, wenn der Körper dieses Salz braucht.

Bei Panikattacken: Schüßler-Salz Nr. 5 Kalium phosphoricum D6 (Kaliumphosphat)

Dieses Schüßler-Salz gehört in die Hausapotheke jeder Familie, in der Menschen leben, die unter panikartigen Ängsten leiden. Es ist das »Nervenmittel« unter den Schüßler-Salzen, weil es das Nervenkostüm stabilisiert. Wer schwache Nerven hat, leidet zudem meist unter Schlafstörungen und innerer Unruhe. Auch Niedergeschlagenheit und Antriebslosigkeit kann eine Auswirkung eines gestörten Kaliumphosphathaushalts sein. Menschen, die dazu neigen, besitzen oft nur eine auffallend geringe Belastbarkeit in Stresssituationen. Da sie übersensibel sind, wirken sie schnell überdreht und sie können schlecht abschalten.

Körperliche Ebene:
Es treten Schmerzen und Verdauungsprobleme auf, deren Ursache in nervlicher Schwäche oder Stress liegt. Wenn Sie zu den empfindsamen, meist sehr feingliedrigen Kaliumphosphatmenschen gehören, dann müssen Sie nach aufreibenden Tagen, stundenlanger Computerarbeit oder nach strapaziösen Reisen unbedingt Ihrem seelischen Bedürfnis nach Rückzug und Ruhe nachgeben. Wenn Sie etwas essen und Ihren Stress noch nicht »verdaut« haben, dann funktioniert auch Ihre Nahrungsverdauung nicht vollständig und Blähungen oder Bauchschmerzen sind die Folgen.

Angst und Überforderung: Schüßler-Salz Nr. 9 Natrium phosphoricum D6 (Natriumphosphat)

Natriumphosphat hilft Ihnen gegen Ängste, die mit Überforderung einhergehen, durch die eine große Anspannung entsteht, die wiederum Stress erzeugt. Leider verstecken Menschen mit einer anlagebedingten Natriumphosphatstörung ihre Sensibilität häufig hinter einer Maske, was sie immer ein wenig angespannt wirken lässt. Die Spannung entlädt sich im übermäßigen Genuss von Süßigkeiten jeder Art: Je gestresster ein Natriumphosphatmensch sich fühlt, umso mehr verlangt ihn danach. Dieser Heißhunger auf etwas Süßes verschwindet, wenn Sie dreimal täglich eine Tablette Natriumphosphat über den Zeitraum von ein bis zwei Wochen einnehmen.

Körperliche Ebene:
Chronische Übersäuerung ist ein Merkmal von Stress auf körperlicher Ebene. Natriumphosphat erfüllt wichtige Stoffwechselfunktionen. Ist der Natriumphophathaushalt gestört, kann es zu Akne, rheumatischen Beschwerden bis hin zu Gicht kommen. Die Übersäuerung entsteht aber nicht nur bei sensiblen Persönlichkeiten durch Stress, sie wird auch durch eine Ernährung mit viel tierischem Eiweiß sowie eine falsche Lebensweise mit viel Alkohol und Zigaretten ausgelöst. Natriumphosphatmenschen sind zu empfindlich, um auf Dauer solch einen Raubbau an ihrem Körper unbeschadet überstehen zu können.

Ärger

Schüßler-Salz Nr. 6 Kalium sulfuricum D6 (Kaliumsulfat)

Kaliumsulfat ist das Entgiftungs- und Gallenmittel in der Biochemie. Die Galle wird auf der emotionalen Ebene mit Ärger, vor allem mit unterdrücktem Ärger, in Verbindung gebracht. Kaliumsulfat hilft Ihnen, den Ärger, der Sie auf seelischer Ebene vergiftet, über Bord zu werfen und wieder offener und lebenslustiger zu werden (Kaliumsulfat siehe auch Depressive Verstimmungen, Seite 132).

Körperliche Ebene:
Wenn Sie zu den Menschen gehören, die ihren Ärger regelmäßig runterschlucken und ihn nie herauslassen, dann staut sich auf der körperlichen Ebene Ihr Gallensekret. Das kann zu Fettverdauungsstörungen und zur

Bildung von Gallensteinen führen. Durch die schlechtere Verdauung werden auch Stoffwechselabfälle zurückbehalten, was Migräne sowie chronische Infekte nach sich ziehen kann und den Entgiftungsbedarf des Körpers erhöht.

Depressive Verstimmungen

Schüßler-Salz Nr. 5 Kalium phosphoricum D6 (Kaliumphosphat)

Kaliumphosphat hilft nicht nur bei Ängsten (siehe Seite 129), sondern auch bei Schlafstörungen oder Stimmungstiefs. Solche depressiven Verstimmungen können jahreszeitlich stark schwanken und bei Frauen auch von ihrem Hormonstatus abhängen. Sind Sie nur an trüben Regentagen davon betroffen, dann kann ein kleiner Glückshormonschub hilfreich sein (siehe Tipps gegen den Seelen-Blues, Seite 63).
Leiden Sie jedoch schon seit längerer Zeit daran, sollten Sie – vor allem, wenn es in Ihrer Familie Menschen mit Depressionen gibt – einen Neurologen oder einen Psychotherapeuten aufsuchen.
Treten die depressiven Verstimmungen zusammen mit nervöser Erschöpfung und Schlafstörungen auf, dann kann Kaliumphosphat das passende Schüßler-Salz sein. Das trifft besonders dann zu, wenn Sie sich als äußerst empfindsamen Menschen erleben, den die kleinste Aufregung aus der Bahn wirft.

Wer unter depressiven Verstimmungen leidet, dem können die richtigen Schüßler-Salze wieder Auftrieb geben.

Körperliche Ebene:
Menschen, die Kaliumphosphat benötigen, besitzen eine dünne Haut, einen hellen Teint, meist blaue Augen und haben feine Gesichtszüge. Für sie ist es wichtig, alles zu tun, um sich Stress möglichst zu ersparen: Sie sollten also nicht zu viel auf einmal planen und rechtzeitig Grenzen ziehen (Kaliumphosphat siehe auch Ängste, Seite 129).

Schüßler-Salz Nr. 6 Kalium sulfuricum D6 (Kaliumsulfat)

Kaliumsulfat hilft, wenn Ihr Stimmungstief eine Folge von ständig unterdrücktem Ärger ist. Dessen Ursache auf die Spur zu kommen, ist nicht so einfach. Häufig wird die Verstimmung auf das Wetter oder die Hormone geschoben. Fragen Sie sich genau, ob es vor Ihrem Stimmungsabfall Ärger gab, den Sie schlucken mussten oder den Sie um des lieben Friedens willen erstickt haben. Kaliumsulfat kommt auch für eigentlich stabile und tatkräftige Menschen infrage, die aber immer mal wieder in ein »Stimmungsloch« fallen. Bei ihnen treten depressive Verstimmungen gehäuft dann auf, wenn die Dinge nicht reibungslos funktionieren. Sobald es im Leben wieder vorwärts geht, kehrt die Lebensenergie zurück.

Körperliche Ebene:
Menschen, die dieses Schüßler-Salz benötigen, haben meist eine robuste körperliche Erscheinung, die Haut ist grobporig, der Teint bräunlich und die Augenfarbe grünbraun bis braun, auch die Haare sind dunkel. Wenn Sie dieses Schüßler-Salz benötigen, ist es besonders wichtig, dass Sie auch körperlich für Entgiftung sorgen. Wie alle Sulfate unter den Schüßler-Salzen ist auch Kaliumsulfat ein wichtiges Entgiftungsmittel, vor allem für die Leber. Wenn Sie sich gerade in einer depressiven Phase befinden, dann können Sie Ihren Körper und Ihre Seele entlasten, indem Sie möglichst wenig tierisches Eiweiß zu sich nehmen: Essen Sie nur maximal zweimal in der Woche Fisch, Fleisch oder Wurst. Dadurch erholen sich der Kaliumsulfathaushalt und Ihre Stimmung wieder (Kaliumsulfat siehe auch Ärger, Seite 130).

Schüßler-Salz Nr. 10 Natrium sulfuricum D6 (Natriumsulfat)

Wenn Sie das Gefühl haben, dass Sie generell zu depressiven Verstimmungen neigen und immer wieder Phasen durchleben, in denen Sie sich wie vergiftet fühlen, dann kann Natriumsulfat Ihnen helfen. Menschen, die dieses Schüßler-Salz benötigen, sehen das Leben oft zu verbissen und betreiben gerne – oft auch gegen besseres Wissen – Prinzipienreiterei. Sie neigen dazu, alles besser zu wissen. Meist haben sie sogar Recht, weshalb man diese Menschen oft in Chefpositionen findet. Dennoch sollten Sie lernen, dass Sie nicht alles im Leben bestimmen müssen. Loslassen ist hier ein wichtiges Thema, damit der innere Druck wieder nachlassen kann (siehe Yoga, Seite 43, und Meditation, Seite 58).

Körperliche Ebene:
Menschen, die Natriumsulfat benötigen, ähneln in der äußeren Erscheinung sehr den Menschen, die Kaliumsulfat brauchen: kräftiger Körperbau, grobporige bis unreine Haut, bräunlicher Teint, meist dunkle Augen. Auffallend sind ein bitterer Geschmack auf der Zunge und die Vorliebe für deftiges Essen. Bei Störungen im Natriumsulfathaushalt besteht immer ein Entgiftungsbedarf von Leber, Galle und Darm. Natriumsulfat regt vor allem die Ausscheidung über den Darm an und hilft bei starken Blähungen und Kopfschmerzen, die durch falsche Ernährung oder durch Verstopfung bedingt sind. Störungen des Natriumsulfatstoffwechsels verursachen Bluthochdruck und erhöhte Triglyzerid- und Cholesterinwerte. Der davon betroffene Mensch fühlt sich gestaut und träge, auch seelisch. Der Stau zeigt sich an Wasseransammlungen in Händen und Füßen sowie an geschwollenen Augenoberlidern morgens nach dem Aufwachen. Durch die Einnahme von Natriumsulfat kommt der Stoffwechsel wieder in Gang, wodurch der depressiven Grundstimmung die Basis entzogen wird. Sowohl Kaliumsulfat als auch Natriumsulfat helfen gut gegen depressive Verstimmungen. Da die typischen Symptome nicht immer leicht zu unterscheiden sind, können Sie – wenn Sie unsicher sind – beide Salze zusammen einnehmen. Kombiniert wirken sie gut entgiftend, entlastend und verbessern die Grundstimmung. Nehmen Sie von jedem der Salze drei bis vier Tabletten pro Tag ein.

Schüßler-Salz Nr. 16 Lithium chloratum D6 (Lithiumchlorid)

Ähnlich wie die Lithiumsalze, die in der modernen Psychiatrie bei manisch-depressiven Psychosen angewendet werden, besitzt das Schüßler-Ergänzungsmittel Lithiumchlorid stimmungsaufhellende Eigenschaften, wodurch es bei Melancholie hilft.

Körperliche Ebene:
Lithiumchlorid wirkt gegen rheumatische Beschwerden, die in Verbindung mit erhöhten Harnsäurewerten stehen, sowie gegen Gicht. Deshalb wird es oft mit Schüßler-Salz Nr. 9 Natrium phosphoricum D6 (Natriumphosphat), Seite 130, eingesetzt. Lithiumchlorid verbessert auch den Eiweißstoffwechsel.
Das Ergänzungsmittel Nr. 16 passt zu Ihnen, wenn Sie eine depressive Veranlagung in Verbindung mit rheumatischen Beschwerden haben.

Mit dem passenden Schüßler-Salz, mehr Schlaf und etwas Ruhe und Erholung sind Erschöpfungszustände schon bald wie weggeblasen.

Erschöpfung

Schüßler-Salz Nr. 3 Ferrum phosphoricum D12 (Eisenphosphat)

Bei Erschöpfung und Müdigkeit, wenn der Eisenspiegel zu niedrig ist, was auf Blutarmut (Anämie) hindeutet, hilft das Schüßler-Salz Nr. 3. Dieses Mittel brauchen Sie vor allem dann, wenn Sie sich mal wieder völlig verausgabt haben. Als erste Maßnahme, um sich wieder in Topform zu bringen, sollten Sie einmal richtig ausschlafen und Ihren anstehenden Zeitplan etwas lockerer gestalten (siehe Seite 36). Wenn Sie darüber hinaus noch ein bis zwei Wochen lang Schüßler-Salz Nr. 3 einnehmen, dann stabilisieren Sie sich damit zusätzlich.
Es gibt zwei grundsätzlich verschiedene Ferrum-Menschen: den blassen, blutarmen, schnell erschöpften, der durch seine Blässe und die dunkelblauen Schatten an der Augeninnenseite auffällt. Obwohl er genau weiß, was er will, mangelt es ihm an Durchsetzungskraft. Er ist zu müde, um sich durchzusetzen – zu müde, um sich richtig konzentrieren zu können. Ihm gegenüber steht der überdrehte, aufbrausende Typ, ein Choleriker, der sagt, was er denkt, und damit schnell irgendwo aneckt. Er ist sehr ichbezogen sowie schnell erschöpft, weil er sich zu sehr verausgabt. Eisenphosphat ist ein gutes Mittel für Jungs in der Pubertät, die ihre überschießende Energie durch den Hormonschub noch nicht in den Griff bekommen haben. Das seelische Thema bei Eisen dreht sich um Willensbildung. Der Wille ist bei Ferrum-phosphoricum-geprägten Menschen stark ausgebildet.

Körperliche Ebene:
Eisenphosphat ist ein wichtiges Mineral für die Blutbildung und damit für das Immunsystem. Es ist das Schüßler-Salz für akute Entzündungen, Verbrennungen und für Infekte. Wer zu Blutarmut und Infekten neigt, sollte eine vier- bis sechswöchige Kur mit Ferrum phosphoricum machen – drei Tabletten täglich stärken die Abwehr.

Schüßler-Salz Nr. 17 Manganum sulfuricum D6 (Mangansulfat)

Mangansulfat hilft bei Erschöpfung, die mit Eisenmangel in Verbindung steht. Bei lang anhaltenden Anämiezuständen mit schneller Erschöpfbarkeit und Müdigkeit können Sie morgens zwei Tabletten Mangansulfat zum Basismittel Schüßler-Salz Nr. 3 (siehe linke Seite) dazunehmen.

Körperliche Ebene:
Mangan ist zuständig für viele Enzymfunktionen und für den Knochenstoffwechsel. Wie Eisen, Zink und Silicea hat es wichtige Aufgaben im Immunsystem zu erfüllen und hilft so bei Infektanfälligkeit und Entzündungsneigung. Entscheiden Sie sich immer dann für Mangansulfat, wenn Schüßler-Salz Nr. 3 allein Ihnen nicht gegen die Erschöpfung hilft.

Schüßler-Salz Nr. 5 Kalium phosphoricum D6 (Kaliumphosphat)

Bei Erschöpfung durch nervliche Anspannung hilft Kaliumphosphat. Es hat sich insbesondere beim Burn-out-Syndrom bewährt, wobei es in diesem Fall über einen Zeitraum von mindestens sechs Wochen eingenommen werden sollte. Zusätzlich müssen Sie lernen, Strategien zu entwickeln, die Ihnen helfen, ein erneutes Burn-out zu verhindern. Sprechen Sie sich unbedingt mit einem Therapeuten ab und nehmen Sie Kontakt zu Ihrer Seele auf! (Siehe auch Ängste, Seite 129, depressive Verstimmungen, Seite 131, Panikattacken, Seite 138, Schlafstörungen, Seite 139.)

Schüßler-Salz Nr. 7 Magnesium phosphoricum D6 (Magnesiumphosphat)

Erschöpfung durch Überarbeitung in Verbindung mit Nacken- oder Schulterverspannungen oder Spannungskopfschmerzen verlangen nach Schüßler-Salz Nr. 7. Wenn Sie sich völlig ausgepowert und entnervt fühlen und dabei ein starkes Verlangen nach Schokolade haben, dann ist das ein sicheres Zeichen, dass Sie Magnesiumphosphat brauchen, um wieder fit zu werden. Wenn Sie in den Spiegel schauen und entdecken, dass Sie plötzlich rote Bäckchen haben, weist das ebenfalls auf einen Magnesiumbedarf hin. Meist entwickeln schüchterne und zurückhaltende Menschen eine Störung im Magnesiumphosphathaushalt. Sie neigen verstärkt zu Lampenfieber und sind in der Regel innerlich sehr angespannt. Auch Menschen, die

Liegen Ihre Nerven blank und brauchen Sie jetzt unbedingt etwas Schokolade, um sie zu beruhigen? Besser für Ihren Mineralstoffwechsel und für Ihre Linie sind zwei Tabletten Schüßler-Salz Nr. 7 Magnesiumphosphat.

viel am Computer sitzen, profitieren von diesem Salz, da Elektrosmog den Magnesiumphosphathaushalt durcheinander bringt. Das kann kraftlos und nervös machen und in der Folge davon zu mangelnder Durchsetzungskraft führen. Den auslaugenden Tendenzen können Sie entgegenwirken, indem Sie nach einer computerintensiven Phase einmal zwei bis vier Tabletten Magnesiumphosphat einnehmen – in diesem Fall in der Potenz D12. Sind Sie noch stärker gefordert, hilft es, diese Tablettenmenge täglich ein bis zwei Wochen lang zur Regulierung zu nehmen.

Körperliche Ebene:
Magnesiumphosphat ist das wichtigste Schüßler-Salz gegen Schmerzen und Krämpfe aller Art. Es gehört daher in jede naturheilkundlich orientierte Hausapotheke. Auch bei Kolikschmerzen und Verspannungsschmerzen ist Magnesiumphosphat hilfreich.

Konfliktvermeidung

Schüßler-Salz Nr. 11 Silicea D12 (Kieselsäure)

Wenn Sie Konflikten am liebsten aus dem Weg gehen, dann sind Sie möglicherweise ein Silicea-geprägter Mensch. Solange Sie nicht darunter leiden, besteht kein Handlungsbedarf. Sie haben zwar Ihre eigene Meinung, halten sich mit dieser aber gern im Hintergrund, um keine Auseinandersetzungen zu provozieren. Doch Reibereien lassen sich langfristig nicht vermeiden (siehe auch Bach-Blüte Agrimony, Seite 168). Ihr starkes Harmoniebedürfnis macht Sie anfällig für Ängste aller Art, denn Sie stehen ständig unter der Anspannung, weil der Einklang gestört werden könnte. Wann immer ein Streit in der Familie oder unter Freunden entsteht, fühlen Sie sich verantwortlich, diese Spannung aus der Welt zu schaffen – Disharmonie verursacht Ihnen so viel Unbehagen, dass Sie dabei beinahe körperlichen Schmerz empfinden. Ihr ständiges Bemühen, Ihre heile Welt

Schüßler-Salz Nr. 11 Silicea (Kieselsäure) unterstützt dabei, neue Situationen oder auch Konflikte am Arbeitsplatz leichter zu bewältigen.

zu erhalten, ist auf Dauer sehr anstrengend und kann auch zu körperlichen Problemen führen. Dieser Seelenzustand ist meist schon angelegt, das heißt, die betreffenden Menschen sind von ihrer Natur her eher empfindlich, verletzlich, ängstlich und konfliktscheu. Das wird erst dann zum Problem, wenn sich die äußeren Lebensumstände schlecht mit dieser Wesensart vertragen. Das kann der Fall sein, wenn man plötzlich neue Kollegen hat, die aggressiv und streitsüchtig sind und gerne provozieren. Ein Silicea-geprägter Mensch leidet unter einem solchen Arbeitsklima und bekommt schließlich eine Entzündung oder Ähnliches. In solchen Fällen ist es sinnvoll, für einige Wochen Silicea als Schüßler-Salz einzunehmen.

Körperliche Ebene:
Auf der körperlichen Ebene drückt sich diese Empfindlichkeit in vielen feinen Knitterfältchen aus und in einer Neigung zu Entzündungen und Eiterungen. Silicea ist das Haut- und Schönheitsmittel in der Biochemie. Es beugt der Faltenbildung vor und verbessert die Feuchtigkeitsspeicherung der Haut. Es stabilisiert das Immunsystem und hilft bei Gelenkbeschwerden. Auch bei chronischen Nasennebenhöhleninfekten ist das Schüßler-Salz Silicea hilfreich.

Konzentrationsstörungen/ Aufmerksamkeitsdefizitsyndrom (ADS)

Schüßler-Salz Nr. 3 Ferrum phosphoricum D12 (Eisenphosphat)

Dieses Salz gehört zu den wirksamsten Helfern bei Konzentrationsstörungen und ADS – dem Aufmerksamkeitsdefizitsyndrom. Es ist erschreckend, wie viele Kinder und auch Erwachsene inzwischen darunter leiden. Früher nannte man es Hyperkinetisches Syndrom. Dabei sind Konzentrationsstörungen und gestörte Aufmerksamkeit nicht nur mit dem »Zappelphilipp«, der Eisenphosphat braucht, in Verbindung zu bringen. Es gibt auch Menschen, die ruhig sind und nur eine zeitweilige eingeschränkte Konzentrationsfähigkeit aufweisen. Hier liegen die Probleme meist auf einer anderen seelischen Ebene: Da diese Menschen hochsensibel und wenig belastbar sind, brauchen sie Schüßler-Salz Nr. 5 Kalium phosphoricum D6 (Kaliumphosphat), um gegen eine Überforderung, oft durch Reizüberflutung, anzukommen.
Mehr zu Schüßler-Salz Nr. 3 siehe Erschöpfung, Seite 134.

Schüßler-Salz Nr. 7 Magnesium phosphoricum D6 (Magnesiumphophat)

Bei Konzentrationsstörungen, die durch zeitweilige oder ständige Reizüberflutung wie stundenlanges Fernsehen oder Computerspiele verursacht sind, kann Magnesiumphosphat helfen. Das ist heute bei vielen Kindern ein Thema: Eltern können die moderne Welt, die eine Überbeanspruchung der Sinne mit sich bringt, kaum von ihren Kindern fernhalten. Deshalb sollten Sie die Erziehung um die Medien herum kindgerecht gestalten. Die Einnahme von stark wirksamen, »dämpfenden« Medikamenten kann jedenfalls nicht die Lösung sein. Probieren Sie es stattdessen mit Magnesiumphosphat. Können Kinder dazu noch in einem Lebensraum aufwachsen, in dem sie Raum für ihre eigene Entfaltung, für ihre Seele, finden, dann werden andere Medikamente ohnehin überflüssig. Magnesiumphosphat hilft übrigens auch Erwachsenen, die nicht selten von einer Computer-Spielsucht befallen sind und deshalb dieselben Konzentrationsstörungen zeigen wie Kinder. Neben den genannten Ursachen spielen auch die Ernährungs- und die Lebensweise bei Konzentrationsstörungen eine große Rolle. Ob Erwachsener oder Kind: Ausreichende Bewegung und vitalstoffreiche Kost mit viel Obst, Gemüse, Nüssen und Vollkornprodukten unterstützen positiv.

Panikattacken

Schüßler-Salz Nr. 2 Calcium phosphoricum D6 (Kalziumphosphat)

Wenn Sie schnell aus Ihrem inneren Rhythmus geraten, vielleicht dabei sogar körperliche Symptome wie Herzrhythmusstörungen oder einen erhöhten Puls bekommen, dann hilft Ihnen Kalziumphosphat (siehe auch Ängste, Seite 128).

Schüßler-Salz Nr. 5 Kalium phosphoricum D6 (Kaliumphosphat)

Auch Kalium phosphoricum beruhigt, wenn Sie in Panik geraten. Hintergrund für die Panikattacke bei Kaliumphosphat ist meist eine grundlegende Nervenschwäche. Wenn Sie sich bestimmten Situationen nervlich einfach nicht gewachsen fühlen und deshalb sehr schnell in Panik geraten, dann kann Ihnen dieses Schüßler-Salz helfen (siehe auch Ängste, Seite 129, Erschöpfung, Seite 135, depressive Verstimmungen, Seite 131, Schlafstörungen, Seite 139).

Schlafstörungen

Schüßler-Salz Nr. 5 Kalium phosphoricum D6 (Kaliumphosphat)

Das wichtigste Salz gegen Schlafstörungen ist Kaliumphosphat, vor allem dann, wenn Sie ein Mensch sind, der über ein schwaches Nervenkostüm verfügt und generell oft ängstlich und leicht erschöpft ist.

Schüßler-Salz Nr. 2 Calcium phosphoricum D6 (Kalziumphosphat)

Kalziumphosphat hilft Ihnen gegen Schlafstörungen, wenn Sie sehr unruhig sind und ein sehr unregelmäßiges Leben führen.

Magnesium phosphoricum schenkt Entspannung nach einem aufreibenden Tag.

Schüßler-Salz Nr. 7 Magnesium phosphoricum D6 (Magnesiumphosphat)

Nach einem anstrengenden Tag bringt Magnesiumphosphat die nötige Entspannung für einen erholsamen Schlaf. Besonders dann, wenn Sie viel Zeit am Computer verbracht haben und nun nicht abschalten können, kommt dieses Salz infrage. Der Bedarf an diesem Schüßler-Salz zeigt sich auch darin, dass nach einem solch anstrengenden Tag Spannungskopfschmerzen und Nackenverspannungen auftreten. Spätestens wenn Sie am Abend eine unbändige Lust auf Schokolade verspüren, können Sie davon ausgehen, dass Ihr Magesiumphosphat-Haushalt völlig durcheinander geraten ist.

Schüßler-Salz Nr. 21 Zincum chloratum D6 (Zinkchlorid)

Das Ergänzungsmittel Nr. 21 hilft bei nervösen Erschöpfungszuständen in Verbindung mit Schlafstörungen und großer Unruhe. Auch bei geistiger Überarbeitung ist es, wie Salz Nr. 7, hilfreich.

Körperliche Ebene:

Zink ist ein wichtiges Spurenelement für das Immunsystem und an mehreren hundert Enzymvorgängen beteiligt. Störungen im Zinkhaushalt wirken sich immer auf das Nervensystem, den gesamten Stoffwechsel und das Immunsystem aus. Unruhe, Schlafstörungen, Infektanfälligkeit und nervöse Erschöpfung sind die Folge. Auch Hautprobleme und Haarausfall können durch Störungen im Zinkhaushalt entstehen.

Schwächegefühl und Abgeschlagenheit

Schüßler-Salz Nr. 1 Calcium fluoratum D12 (Kalziumfluorid)

Dieses Mineralsalz hilft Ihnen, wenn Sie sich ohne ersichtlichen Grund zu schwach für die täglichen Anforderungen fühlen. Diese Schwäche ist nicht zu verwechseln mit Erschöpfung. Die Abgeschlagenheit, die auf Kalziumfluorid anspricht, tritt bereits morgens auf und ist nicht abhängig von körperlicher oder geistiger Leistung. Alle Kalziumsalze stabilisieren körperlich und seelisch. Kalzium ist wichtig für die Festigkeit der Knochen. Auf der seelischen Ebene führt mangelnde Festigkeit zu Unsicherheit, zu Ängstlichkeit, zu Verzagtheit und zu mangelndem Vertrauen in das Leben. Der betreffende Mensch ist innerlich instabil oder zu verhärtet, was sich in der gesamten Körperhaltung zeigt. Meist ist auch die Wirbelsäule verformt. Menschen, die dieses Salz eingenommen haben, berichten, dass sie sich bereits nach wenigen Tagen wie durch ein angenehmes Korsett gestützt gefühlt haben.

Körperliche Ebene:
Calcium fluoratum ist der Stabilisator in der Biochemie. Menschen, die dieses Salz benötigen, neigen zu allgemeiner Schwäche und vorzeitiger Erschlaffung von Haut, Sehnen und Bändern, zu Arthrose und starker Hornhautbildung. Auch Organsenkungen erfordern die Einnahme dieses Schüßler-Salzes.

Schüßler-Salz Nr. 13 Kalium arsenicosum D6 (Kaliumarsenit)

Dieses Mineralsalz sollten Sie nur nehmen, wenn Sie sich während oder nach einer schweren Erkrankung sehr schwach und ausgezehrt fühlen. Prüfen Sie daher, ob es einen erkennbaren körperlichen Hintergrund gibt, der die Schwäche hervorruft. Kalium arsenicosum unterstützt auch bei körperlicher Schwäche, die durch fortgeschrittene Krebserkrankungen auftritt. Bei Willensschwäche dagegen ist Schüßler-Salz Nr. 3 hilfreich (siehe Erschöpfung, Seite 134, Konzentrationsstörungen, Seite 137).

Körperliche Ebene:
Kaliumarsenit hilft bei Magen-Darm-Störungen, die mit starken Durchfällen und Erbrechen einhergehen sowie häufig auch mit Appetitlosigkeit und Gewichtsverlust.

Viele Mütter vergessen in ihrer Sorge um andere, sich um sich selbst zu kümmern. Mineralsalze bringen sie wieder in eine gesunde Balance.

Sorgen

Wer sich ständig um etwas oder jemanden Sorgen macht, dem kann es schnell passieren, dass er sich selbst darüber vergisst. Auf der körperlichen Ebene drückt sich das sehr häufig in Problemen mit der Haut aus. Ursache ist eine mangelhafte Verteilung der Chloride – also Kalium- oder Natriumchlorid – was sich auch auf den Flüssigkeitshaushalt und die Schleimhäute auswirkt.

Schüßler-Salz Nr. 4 Kalium chloratum D6 (Kaliumchlorid)

Wenn Sie sich in erster Linie Sorgen um andere Menschen, um Ihre Familie, Ihre Freunde oder Ihre Kollegen machen, dann hilft Ihnen Kaliumchlorid. Leiden Sie immer mit anderen mit? Sind Ihnen die Gesundheit und das Wohlergehen Ihrer Liebsten wichtiger als Ihr eigenes? Fällt es Ihnen schwer, egoistisch zu sein? Das ist typisch für eine Kaliumchloridstörung. Betroffen sind davon oft Mütter, die sich ständig um ihre Kinder sorgen, aber nie an sich selbst denken. Wenn sie selbst krank werden, verschleppen sie daher ihre Krankheiten häufig.

Körperliche Ebene:
Kalium chloratum hilft bei allen verschleppten Entzündungen und Infekten, die insbesondere dann auftreten können, wenn man die eigenen Bedürfnisse zu sehr vernachlässigt hat. Es ist, wie auch Natrium chloratum, ein wichtiges Mittel für die Schleimhäute – vor allem, wenn diese entzündet sind. Magenschleimhaut-, Darm-, Schleimbeutel- und Sehnenscheidenentzündungen sprechen daher gut auf das Schüßler-Salz Nr. 4 an.

Schüßler-Salz Nr. 8 Natrium chloratum D6 (Natriumchlorid)

Natrium chloratum hilft, wenn Sie generell dazu neigen, sich zu viele Sorgen um sich und Ihre Mitmenschen machen. Ein Natriumchloridmensch ist wie der Kaliumchloridmensch stark emotional geprägt. Die seelische

Grundstimmung wird von Freude und Trauer bestimmt. Das sind zwei Extreme, die sich auch auf der körperlichen Ebene wiederfinden. Bei Störungen des Natriumchloridhaushalts geraten die Körperflüssigkeiten ins Stocken und es kommt zu Stauungen oder zu Austrocknung. Dasselbe geschieht auf der emotionalen Ebene: Erst laufen die Gefühle über und dann verkümmern sie. Wenn Ihr Natriumchloridhaushalt gestört ist, dann sind Sie traurig, weinerlich und ständig in Sorge. Seelisch rührt die Problematik aus frühester Kindheit, in der ein Mangel an Geborgenheit im familiären Umfeld den Flüssigkeitshaushalt gestört hat. Ein Mensch mit einem ausgeglichenen Natriumchloridhaushalt ist fröhlich und unbesorgt.

Körperliche Ebene:
Die ständige Sorge wirft den Menschen aus seiner Mitte, die der Bauchspeicheldrüse und in der chinesischen Medizin dem Element Erde zugeordnet wird. Die Bauchspeicheldrüse hat zentrale Verdauungsaufgaben. Wird sie durch zu starke Emotionen wie Trauer oder Sorge ständig gestört, dann kann sie ihre Aufgaben bei der Verdauung der Nahrung nicht mehr optimal erfüllen. Verdauungsstörungen wie Durchfall oder Verstopfung können eine Folge davon sein. Ist die Versorgung mit Natriumchlorid ungenügend, so kommt der gesamte Flüssigkeitshaushalt durcheinander. Das kann zu Wasseransammlungen, Bluthochdruck, Druckkopfschmerzen, hormonellen Beschwerden, übermäßigem Schwitzen und Fließschnupfen führen. Auch bei Gelenkbeschwerden und bei Heuschnupfen hilft dieses Schüßler-Salz hervorragend. Natriumchlorid, besser bekannt als Kochsalz, steht auch in Beziehung zum Salzkonsum. Menschen, die einen gestörten Natriumchloridhaushalt aufweisen, verlangt es oft stark nach salzigem Essen. So wie Trauer und Freude zwei Extreme sind, die mit Natriumchlorid zusammenhängen, kann aber auch hier das Extrem auftreten, dass eine totale Abneigung gegen Salz entsteht. In beiden Fällen besteht ein Bedarf an Schüßler-Salz Nr. 8.

Traurigkeit

Schüßler-Salz Nr. 8 Natrium chloratum D6 (Natriumchlorid)

Wenn Sie einen Hang zur Traurigkeit haben, auch ohne erkennbaren Grund, dann ist Natriumchlorid das passende Schüßler-Salz für Sie. Wenn Sie normalerweise ein eher gefestigter Mensch sind und plötzlich bemerken, dass Sie bei der kleinsten traurigen Nachricht losheulen könnten, balanciert Schüßler-Salz Nr. 8 Sie wieder aus. Hintergrund für diesen Seelenzustand kann der Verlust einer geliebten Person sein – beispielsweise ein früh verlorener Elternteil. Akut treten solche Störungen im Natriumchloridhaushalt bei Todesfällen oder Trennungen auf – hier gibt die Einnahme von Schüßler-Salz Nr. 8 die richtigen Impulse, um gut mit der Trauer umgehen zu können (siehe auch Sorge, Seite 141).

Überforderung

Schüßler-Salz Nr. 1 Calcium fluoratum D12 (Kalziumfluorid)

Wenn Sie sich bereits ohne jede körperliche oder geistige Anstrengung überfordert fühlen, dann hilft Kalziumfluorid. Neben der Einnahme dieses Salzes können Sie sich mit gezielten Gymnastik- oder Yoga-Übungen für die Wirbelsäule stärken, etwa durch die Yoga-Übung »Der Berg«, Seite 48 (siehe auch Schwäche, Seite 140).

Schüßler-Salz Nr. 3 Ferrum phosphoricum D 12 (Eisenphosphat)

Überforderung kann auch daraus resultieren, dass Sie immer zu viel auf einmal wollen und deshalb dazu neigen, zu viele Vorhaben in ein viel zu kleines Zeitfenster zu packen. Diese erhöhte Umtriebigkeit erschöpft Sie, obwohl Sie eigentlich viel Power besitzen. In einem solchen Fall hilft Eisenphosphat. Lernen Sie zudem, Ihre Kräfte sinnvoller einzuteilen, damit es erst gar nicht zur Überforderung kommt (siehe auch Erschöpfung, Seite 134, Konzentrationsstörungen, Seite 137).

Schüßler-Salz Nr. 5 Kalium phosphoricum D6 (Kaliumphosphat)

Fühlen Sie sich schnell überfordert, weil Sie ein schwaches Nervenkostüm haben, hilft Kaliumphosphat. Achten Sie aber gleichzeitig auch besser auf sich: Schützen Sie sich rechtzeitig vor zu vielen Anforderungen.

Wen die Hetze des Alltags überfordert, dem schenken Schüßler-Salze neue Kraft.

Schüßler-Salz Nr. 12 Calcium sulfuricum D6 (Kalziumsulfat)

Dieses Salz hilft Kindern sehr gut, wenn sie sich in der Schule durch den Unterricht oder durch das soziale Umfeld überfordert fühlen. Meist sind diese Kinder von ihrem Wesen her sehr zart besaitet und zu früh eingeschult worden. Sie kommen dann häufig mit Problemen wie Kopfschmerzen, Bauchschmerzen oder Mandelentzündungen nach Hause, was sich erst bessert, wenn ihr Kalziumsulfathaushalt wieder in Ordnung gebracht wird – durch Schüßler-Salz Nr. 12. Auch eine Entlastung des Kindes ist ratsam – keinen Zusatzunterricht am Nachmittag, dafür mehr Freizeit. Calcium sulfuricum ist generell ein hilfreiches Mittel in Umbruchzeiten des Lebens und bei schwierigen Neuanfängen, in denen der Mensch noch orientierungslos ist. Dieses Schüßler-Salz unterstützt dabei, wieder etwas mehr Klarheit zu finden.

Körperliche Ebene:
Auf der körperlichen Ebene klärt sich durch Kalziumsulfat die Lymphe und es unterstützt deren Arbeit bei Eiterungen und im Bindegewebe. Dieses Salz hilft auch bei rheumatischen Erkrankungen.

Sport unterstützt die entspannende Wirkung von Magnesiumphosphat.

Unruhe, innere

Schüßler-Salz Nr. 2 Calcium phosphoricum D6 (Kalziumphosphat)

Dieses Salz hilft bei Unruhe, die mit Ängsten, Neigung zu Panik und unregelmäßigem Lebenswandel zusammenhängt (siehe auch Ängste, Seite 128, Panikattacken, Seite 138, Schlafstörungen, Seite 139).

Schüßler-Salz Nr. 3 Ferrum phosphoricum D12 (Eisenphosphat)

Stehen Sie ständig unter Strom, weil in Ihnen einfach ein »unruhiger Geist« wohnt und Sie immer etwas tun müssen, zu viel wollen und ununterbrochen in Bewegung sind? Sind Sie sehr ungeduldig und verläuft Ihr Leben generell eher chaotisch? Dann kann Ferrum phosphoricum Sie zur Ruhe zu bringen (siehe auch Erschöpfung, Seite 134, Konzentrationsstörungen, Seite 137, Überforderung, Seite 143).

Schüßler-Salz Nr. 7 Magnesium phosphoricum D6 (Magnesiumphosphat)

Sind Sie immer dann innerlich aufgewühlt, wenn Sie sehr hart gearbeitet und sich dabei geistig verausgabt haben? Sind Sie unruhig und dabei geistig und körperlich angespannt? Durch Magnesiumphosphat können Sie wieder lockerer und gelöster werden. Zusätzlich können Sie sich dadurch beruhigen, indem Sie rausgehen und eine Runde laufen (siehe auch Erschöpfung, Seite 135, Konzentrationsstörungen, Seite 138, Schlafstörungen Seite 139).

Schüßler-Salz Nr. 14 Kalium bromatum D6 (Kaliumbromid)

Bei starker Übererregbarkeit wirkt dieses Schüßler-Salz dämpfend und beruhigend. Es hilft auch bei Schlafstörungen. Wenn Sie das Gefühl haben, dass Ihre Unruhe nicht nur seelischer Natur ist, sondern auch schon auf Ihre Organe übergreift, die dadurch »hyperaktiv« geworden sind, dann kommt dieses Salz ebenfalls infrage.

Körperliche Ebene:
Im Mittelpunkt der Kaliumbromidwirkung steht die große Erregbarkeit, die Drüsen, Darm und andere Organe übermäßig stark arbeiten lässt. Durchfall, Haut- und Schleimhautreizungen, Drüsenschwellungen und Infekte sind die Folgen.

Schüßler-Salz Nr. 15 Kalium jodatum D6 (Kaliumjodid)

Sind Sie ein unruhiger Mensch und dabei ständig gereizt? Wenn Sie darüber hinaus an einer Schilddrüsenfunktionsstörung leiden, dann ist für Sie das Ergänzungsmittel Kaliumjodid das passende Salz.

Körperliche Ebene:
Die Gereiztheit drückt sich sowohl seelisch als auch körperlich aus. Mögliche Symptome sind: Schilddrüsenfunktionsstörungen, Reizungen der Schleimhäute, Nervenreizungen.

Schüßler-Salz Nr. 21 Zincum chloratum D6 (Zinkchlorid)

Das Ergänzungsmittel Zinkchlorid hilft bei innerer Unruhe, bei nervösen Erschöpfungszuständen und Schlafstörungen (siehe Schlafstörungen, Seite 139).

Unsicherheit

Schüßler-Salz Nr. 1 Calcium fluoratum D12 (Kalziumfluorid)

Bei Unsicherheit, auch beim Gehen in Verbindung mit körperlicher Schwäche und Haltungsschäden, bringt Kalziumfluorid die nötige Stabilität (siehe auch Schwäche, Seite 140).

Willensschwäche

Schüßler-Salz Nr. 3 Ferrum phosphoricum D12 (Eisenphosphat)

Wenn Sie unter Willensschwäche leiden, dann kann Eisenphosphat das ändern. Dieses Salz stärkt – auch seelisch gesehen – das Immunsystem (siehe auch Erschöpfung, Seite 134).

Wut

Schüßler-Salz Nr. 3 Ferrum phosphoricum D12 (Eisenphosphat)

Eisenphosphat ist das Mittel der Wahl für alle »Rumpelstilzchen«. Wer gerne poltert und seine Umgebung mit plötzlichen Wutanfällen erschüttert, sollte sich mit Ferrum phosphoricum wieder in Balance bringen und seine Umwelt schonen. Wutanfälle sind an sich nichts Verwerfliches – sie sollten nur nicht zur Regel werden (siehe auch Unruhe, Seite 144, Überforderung, Seite 143).

Schüßler-Salz Nr. 10 Natrium sulfuricum D6 (Natriumsulfat)

Wut muss sich nicht immer in einem zornigen Anfall entladen. Bei eher depressiv gestimmten Menschen, die Ärger runterschlucken, kann sie auch im Verborgenen vor sich hin brodeln. In einem solchen Fall gibt Natriumsulfat, das Mittel, das hauptsächlich für depressive Verstimmungen gedacht ist, wichtige Impulse, um den Wutstau zu lösen. Außerdem sollten Sie einen Weg finden, wie Sie in Zukunft konstruktiver mit Ihrem Ärger und Ihrer Wut umgehen können.

Körperliche Ebene:
Bei Störungen des Natriumsulfathaushalts kommt es zu Gallensteinen, Gewichts- und Stoffwechselproblemen, die sich an erhöhten Blutfettwerten zeigen.

Bach-Blüten für die Seele

Nach Auffassung des englischen Arztes Dr. Edward Bach wird der Mensch immer dann krank, wenn seine Persönlichkeit im Konflikt mit dem Auftrag seiner Seele steht. Behandlungen, die allein auf den Körper ausgerichtet sind, hielt er daher nicht für Erfolg versprechend. Dr. Bach entwickelte deshalb eine Therapie, mit der die Harmonie von Seele und Persönlichkeit wiederhergestellt wird: die Bach-Blütentherapie mit 38 Blütenessenzen, die den Menschen auf nichtmaterieller Ebene anspricht und in erster Linie zur Behandlung von Befindlichkeitsstörungen eingesetzt wird.

Der hochsensible englische Arzt Dr. Edward Bach (1886–1936) entwickelte die Blütentherapie.

Der englische Arzt und Bakteriologe Dr. Edward Bach (1886 bis 1936) besaß eine florierende Arztpraxis in London, in der er als Schulmediziner praktizierte, bevor er sich mit Homöopathie zu beschäftigen begann. In seinem Alltag als Mediziner beobachtete er den Zusammenhang zwischen Persönlichkeit, Temperament und Seelenzustand seiner Patienten. Er kam bald zu dem Schluss, dass er die Menschen, die er behandelte, mit herkömmlicher Medizin allein nicht wirklich heilen konnte: Oft traten einfach nur Symptomverschiebungen auf. Die Liebe zu seinen leidenden Mitmenschen motivierte den sehr sensitiven und äußerst religiösen Arzt zur Entwicklung einer neuen Heilmethode. Aufgrund seiner Erfahrungen bei der Behandlung seiner Patienten ging Dr. Bach davon aus, dass Krankheit nicht körperlichen Ursprungs ist, sondern einen Konflikt zwischen Seele und Persönlichkeit darstellt. Hört der Mensch nicht auf die leise Stimme seiner Seele und weicht er von dem vorgezeichneten Pfad ab, den die Seele beschreiten will, entstehen Krankheit und Unglück. In diesem Sinne sah Dr. Bach Krankheit als wohltätig an, weil sie den Betroffenen auf einen grundlegenden Fehler aufmerksam macht, ihn auffordert, diesen zu korrigieren, und zum Werden und Wachsen anregt. Zu den menschlichen Grundproblemen zählte er Stolz, Grausamkeit, Hass, Eigenliebe, Unwissenheit, Unsicherheit und Habgier. Nach Bachs Ansatz gilt es diese Mängel zu erkennen, sie dann aber nicht zu unterdrücken oder gar zu bekämpfen, was sie nur verfestigen und stärken würde, sondern durch die Entwicklung der entgegengesetzten Tugenden zu beseitigen. Für ihn ist Heilung daher ein Prozess in sieben Stufen: Wer gelernt hat die Qualitäten Friede, Hoffnung, Freude, Glaube, Gewissheit, Weisheit und Liebe zu leben, der ist auch seelisch und körperlich gesund.

Aufruf zur Selbstheilung

Diese Gedanken stellt Dr. Edward Bach in seinem bekanntesten Werk »Heile Dich selbst« von 1931 ausführlich vor und erklärt damit zugleich, warum eine allein auf den Körper ausgerichtete Medizin seiner Meinung nach nicht zur vollständigen Heilung führen kann: Sie behandelt nur die Symptome, die sich zwar körperlich ausdrücken, aber ihren Ursprung in der Missachtung der Gebote der Seele haben. Dr. Bach zufolge besteht daher die Aufgabe des Arztes darin, dem Menschen zur Selbsterkenntnis zu verhelfen, wodurch dieser seine eigenen Selbstheilungskräfte oder das »universelle Heilprinzip« aktiviert – das, was der berühmte Arzt Paracelsus im 15. Jahrhundert den »Inneren Arzt« genannt hat. Der behandelnde Arzt besitzt aus sich heraus keine Heilkräfte, er ist nur ein Wegbegleiter, dessen Aufgabe darin besteht, den Kranken bei seiner körperlichen und geistigen Regeneration zu unterstützen.

Die Entwicklung der Bach-Blütentherapie

1930 gab Edward Bach seine gut gehende Arztpraxis auf und begab sich auf die Suche nach Pflanzen, die in der Lage sind, die Unstimmigkeiten in den Denk- und Verhaltensweisen der Menschen auszubalancieren und zwar dadurch, dass sie die dahinter verborgenen positiven Seinsprinzipien stärken. Im Laufe weniger Jahre fand er durch seine außergewöhnliche Intuition 38 Heilmittel – 37 Blüten von Bäumen, Blumen und Sträuchern sowie heilkräftiges Quellwasser – die Einfluss auf die emotionale Verfassung des Patienten nehmen können. Die Blüten stellten für ihn dabei die höchste Erscheinungsform der gesamten Pflanze dar, sie waren für ihn sozusagen der Ausdruck ihres Wesens. Bei der Auswahl der Blüten orientierte er sich nicht an dem von Samuel Hahnemann verfolgten homöopathischen Prinzip »Ähnliches werde mit Ähnlichem geheilt«, sondern er suchte nach Mitteln, die den Gegenpart zu den vorherrschenden seelischen Fehlhaltungen bilden. So wird etwa Hass durch Liebe geheilt, Skepsis durch Glauben oder Stolz durch Demut. Die Bach-Blüten wirken aufgrund ihrer entsprechenden positiven Energieschwingung auf der geistigen Ebene und bringen die seelische Grundstimmung ins Gleichgewicht, bevor sich die Störungen als Krankheiten körperlich manifestieren können: Die Bach-Blütentherapie hat also auch vorbeugenden Charakter.

Bach-Blüten – Herstellung und Wirkung

Dr. Bach wählte für seine Therapie Blüten von wild in der freien Natur wachsenden Pflanzen, die er als »Frohnaturen der Pflanzenwelt« oder »Pflanzen höherer Ordnung« bezeichnete. Mit seiner hohen Sensitivität erspürte er das geistige Potenzial dieser Pflanzen; primitive Pflanzengattungen wie Algen oder giftige Pflanzen besaßen für ihn nicht die hohe »Energieschwingung«, die notwendig ist, um Krankheiten zu heilen. Das lässt sich für einen wissenschaftlich orientierten Menschen schlecht nachvollziehen und ist nur zu verstehen, wenn man bedenkt, dass Dr.

Ausschlaggebend für die Blütentherapie war für Dr. Bach das geistige Potenzial und die Energieschwingung, die er in den von ihm ausgewählten Pflanzen erspürte.

Bach rein intuitiv gearbeitet hat – immerhin mit großem Erfolg. Da es ihm darum ging, das energetische Schwingungsmuster der von ihm ausgesuchten Blüten möglichst schonend an eine Trägersubstanz zu binden, entwickelte er eigene Herstellungsmethoden, die nichts mit der aus der Homöopathie bekannten Potenzierung gemein haben.

So werden Bach-Blütenessenzen hergestellt

Für die Gewinnung der Bach-Blütenessenzen gibt es zwei verschiedene Methoden: die Sonnenmethode und die Kochmethode. Bei beiden Verfahren geht die Lebenskraft der Pflanze auf das Wasser über.
Bei der Sonnenmethode wird Quellwasser mit der entsprechenden Blüte imprägniert. Dazu pflückt man die Blüten morgens vor neun Uhr möglichst bei Sonnenschein mit klarem Himmel, berührt sie dabei aber nicht mit der Hand. Direkt am Ort der Ernte kommen sie in eine mit Quellwasser gefüllte Schale und stehen dann drei bis vier Stunden in der Sonne. Anschließend werden die Blüten, am besten mit einem Blatt der entsprechenden Pflanze, entfernt und in eine sterile Flasche umgefüllt.
Bei der Kochmethode werden die Blüten ebenfalls morgens vor neun Uhr gepflückt und dann mit Quellwasser in einem sauberen Topf aus rostfreiem Stahl etwa eine halbe Stunde gekocht. Nach dem Abkühlen wird das Gemisch mehrfach gefiltert. Die Kochmethode kommt bei Pflanzen zum Einsatz, die früh im Jahr blühen: Aspen, Beech, Cherry Plum, Chestnut Bud, Crab Apple, Elm, Holly, Honeysuckle, Hornbeam, Larch, Mustard, Pine, Red Chestnut, Star of Bethlehem, Sweet Chestnut, Walnut, Wild Rose, Willow. Alle übrigen Bach-Blüten werden nach der Sonnenmethode hergestellt.

Wie wirken die Blütenessenzen auf die Seele?

Dr. Edward Bach ging davon aus, dass jeder Mensch eine unsterbliche Seele besitzt – das, was er eigentlich ist – und eine sterbliche Persönlichkeit, mit der er sich auf dieser Welt ausdrückt. Vermittler zwischen diesen beiden Ebenen ist das Höhere Selbst, das Botschaften der Seele an die Persönlichkeit übermittelt. Blockaden, die aus negativen Charaktereigenschaften des Menschen – wie etwa Traurigkeit, Intoleranz, Willensschwäche, Unentschlossenheit, Teilnahmslosigkeit – herrühren, verhindern, dass die Mitteilungen der Seele ankommen und über die Persönlichkeit

im Alltag verwirklicht werden können. Das bedeutet, der Betroffene handelt nicht mehr in Übereinstimmung mit seiner Seele. Energetisch gesehen wird so die Schwingungsfrequenz in einem bestimmten Bereich verzerrt oder ist wesentlich niedriger als sonst.
Die Bach-Blüten vermögen nun aufgrund ihrer hohen energetischen Schwingung die menschliche Schwingung anzuheben oder den Menschen, wie Bach es ausdrückte, »mit den schönen Schwingungen unseres Höheren Selbst zu durchfluten«. Auf diese Weise nähert sich der Mensch wieder seiner Seele an. Nach Dr. Bach gibt es 38 Tugenden oder Seelenkonzepte im Menschen, darunter beispielsweise Fröhlichkeit, Toleranz, Willensstärke, Klarheit, Mitgefühl, die blockiert sein können. Seine 38 Bach-Blüten tragen die Energieschwingung genau dieser Tugenden in sich. Durch die Einnahme der entsprechenden Bach-Blüten wird quasi der Kontakt zu dem jeweiligen Seelenkonzept aufgenommen, es wird gestärkt und harmonisiert, wodurch es dem Behandelten leicht fällt, es wieder frei auszudrücken und zu leben. Dadurch verschwinden auch oft körperliche Symptome, der Patient findet seinen Seelenfrieden und damit inneres Glück.

Welche Bach-Blüten gibt es?

Die originalen 38 Bach-Blüten gibt es in so genannten Stockbottles, den 10-, 20- oder 30-ml-Konzentratfläschchen, eine Menge, die für die Herstellung von etwa 50 beziehungsweise 100 Einnahmeflaschen reicht. Die 39. Stockbottle ist eine Mischung aus fünf Blütenessenzen und als Rescue Remedy – zu Deutsch Notfalltropfen – bekannt. Rescue wird auch in 50-ml-Konzentratfläschchen und als Globuli angeboten.
Alle Bach-Blüten sind in der Apotheke erhältlich oder direkt bei verschiedenen Herstellern oder über einen Versand zu beziehen.

Die 38 Blütenessenzen und eine Mischung nach Dr. Bach

Dr. Edward Bach fand bei seinen Wanderungen durch Wales die 38 Blütenessenzen (siehe Seite 152). Mit ihnen können die wichtigsten positiven Gemütszustände geweckt und gestärkt werden. Er stellte auch eine Mischung für Notfälle her. Alle Blütenessenzen und die Rescue Remedy werden einzeln in Stockbottles in der Apotheke verkauft. Sie sind auch im Set erhältlich.

Die Bach-Blüten

Die 38 Bach-Blütenessenzen und die Notfalltropfen halten sich in den Stockbottles erfahrungsgemäß eine fast unbegrenzte Zeit. Sie sollten allerdings darauf achten, die Fläschchen nicht zu hell und nicht zu warm oder in der Nähe von elektrischen Geräten zu lagern.

Nr. 1: Agrimony – Odermennig
Nr. 2: Aspen – Espe oder Zitterpappel
Nr. 3: Beech – Rotbuche
Nr. 4: Centaury – Tausendgüldenkraut
Nr. 5: Cerato – Bleiwurz oder Hornkraut
Nr. 6: Cherry Plum – Kirschpflaume
Nr. 7: Chestnut Bud – Knospe der Ross- oder Weißen Kastanie
Nr. 8: Chicory – Wegwarte
Nr. 9: Clematis – Weiße Waldrebe
Nr. 10: Crab Apple – Holzapfel
Nr. 11: Elm – Ulme
Nr. 12: Gentian – Herbstenzian
Nr. 13: Gorse – Stechginster
Nr. 14: Heather – Schottisches Heidekraut
Nr. 15: Holly – Stechpalme
Nr. 16: Honeysuckle – Geißblatt
Nr. 17: Hornbeam – Weiß- oder Hainbuche
Nr. 18: Impatiens – Drüsentragendes Springkraut
Nr. 19: Larch – Lärche
Nr. 20: Mimulus – Gefleckte Gauklerblume
Nr. 21: Mustard – Wilder Senf
Nr. 22: Oak – Eiche
Nr. 23: Olive – Olive
Nr. 24: Pine – Schottische Kiefer
Nr. 25: Red Chestnut – Rote Kastanie
Nr. 26: Rock Rose – Gelbes Sonnenröschen
Nr. 27: Rock Water – Wasser aus heilkräftigen Quellen
Nr. 28: Scleranthus – Einjähriger Knäuel
Nr. 29: Star of Bethlehem – Doldiger Milchstern
Nr. 30: Sweet Chestnut – Ess- oder Edelkastanie
Nr. 31: Vervain – Eisenkraut
Nr. 32: Vine – Weinrebe
Nr. 33: Walnut – Walnuss
Nr. 34: Water Violet – Sumpfwasserfeder
Nr. 35: White Chestnut – Ross- oder Weiße Kastanie
Nr. 36: Wild Oat – Waldtrespe
Nr. 37: Wild Rose – Heckenrose
Nr. 38: Willow – Gelbe Weide
Nr. 39: Rescue Remedy – Erste-Hilfe- oder Notfalltropfen

Die Notfalltropfen – Rescue Remedy

Notfalltropfen, oder Erste-Hilfe-Tropfen nach Dr. Bach sind eine Mischung aus folgenden fünf Blütenessenzen:

- Star of Bethlehem: gegen Lähmung und Schockzustände,
- Rock Rose: gegen Panikgefühle und Todesängste,
- Impatiens: gegen innere Anspannung, Fluchtreaktionen und Ungeduld,
- Cherry Plum: gegen die Angst, körperlich und geistig die Kontrolle zu verlieren – die »Loslassblüte«,
- Clematis: gegen drohende Bewusstlosigkeit.

Die Notfalltropfen finden Einsatz bei allen Schockzuständen nach Unfällen, Aufregungen, Todesfällen in der Familie, Trennungen, bei Prüfungsangst, vor Operationen, vor Zahnarztbesuchen, bei Flugangst.

Seit einiger Zeit gibt es die Notfalltropfen auch als Spray und als Bonbons. Äußerst hilfreich ist der Einsatz der Notfalltropfen vor allem bei Kindern. Bei kleineren Unfällen bei den ersten Geh- und Kletterversuchen ist der Schock meist größer als die tatsächliche Verletzung. Hier haben sich die Notfalltropfen sehr bewährt. Sie beruhigen das durch den Schock aufgerüttelte Kind innerhalb weniger Minuten. Ist die Verletzung so stark, dass ein Arztbesuch notwendig wird, dann wirkt sich die Beruhigung des Kindes durch die Notfalltropfen auch positiv auf die Eltern und den Arzt aus, was ein entspanntes Untersuchen und Behandeln ermöglicht.

Es gibt auch eine Rescue Creme, Notfallcreme, die sich vor allem bei Verbrennungen und stumpfen

Rescue Remedy (Notfalltropfen) nannte Dr. Bach seine berühmte Mischung aus fünf Blütenessenzen. Sie ist bei Unfällen, kleinen und größeren Schocks äußerst wirkungsvoll.

Verletzungen sehr bewährt hat. Die Erfahrung zeigt, dass Brandwunden, die sofort mit Rescue Creme behandelt werden, schneller und mit deutlich verringerter Narbenbildung abheilen.
Beachten Sie: Notfalltropfen bitte nicht dauerhaft anwenden. Sie sind für Notfälle des Lebens gedacht und sollten daher nur in solchen Ausnahmesituationen genommen werden. Diese Situationen können auch mehrere Tage andauern, beispielsweise wenn Sie einen geliebten Menschen begleiten, der nach einem Unfall auf der Intensivstation liegt, und Sie, selbst geschockt durch das Geschehene, nur dabeisitzen und abwarten können. Sowohl der Mensch, der sich auf der Intensivstation befindet, als auch Sie profitieren in diesem Fall von den Notfalltropfen.
Tipp: Für einen bewusstlosen Menschen können Sie etwas Notfallspray in Gesichtsnähe in den Raum sprühen – es wird ihm gut tun.
Anwendung der Notfalltropfen: Geben Sie vier Tropfen aus einer Stockbottle in ein mittelgroßes, mit natürlichem Quellwasser gefülltes Glas und trinken Sie die Mischung in kleinen Schlucken über mehrere Minuten verteilt. Wenn Sie kein Glas zur Hand haben, können Sie zwei bis vier Tropfen Rescue direkt in den Mund träufeln.
Die Wirkung der Notfalltropfen, in der entsprechenden Schocksituation ruhig und gefasst zu sein, tritt oft schon nach wenigen Minuten ein.

Bach-Blüten werden meist mit Wasser eingenommen.

Anwendung und Dosierung der Bach-Blüten

Bach-Blüten haben ein großes Anwendungsgebiet. Ursprünglich waren sie nur dafür gedacht, fehlgeleitete Seelenzustände zu harmonisieren. Inzwischen werden sie aber auch mit Erfolg gegen körperliche Beschwerden eingesetzt, vor allem dann, wenn ein seelischer Zusammenhang mit der Krankheit offensichtlich ist. Dr. Bach zufolge kann der Mensch körperlich nur gesund sein, wenn die Seele gesund ist. Man könnte daher dazu verleitet werden, zu denken, dass man sich den Gang zum Arzt sparen kann. Davor möchten wir warnen! Weder Bach-Blüten noch eine andere in diesem Buch vorgestellte Methode ersetzen die ärztliche Diagnose. Wenn Sie Beschwerden haben, die Sie selbst nicht einschätzen können, seien sie seelischer oder körperlicher Natur, dann gibt es nur eines: ab zum Arzt.

Einnahme und Dosierung

Bach-Blütenessenzen werden direkt als Tropfen in den Mund geträufelt oder in einem Glas Wasser eingenommen. In akuten Situationen – also bei Beschwerden, die erstmalig auftreten und erst seit wenigen Tagen bestehen – reicht die Einnahme an ein oder zwei Tagen. Bei chronischen Störungen – die wiederholt auftreten und länger anhalten – kann eine mehrwöchige Einnahme erforderlich sein. Rescue Remedy ist nur für den Notfall gedacht und sollte nicht über längere Zeit eingesetzt werden.

Dosierung im Akutfall

Geben Sie zwei Tropfen der Blütenessenz aus der Flasche in ein Glas mit einem guten Quellwasser ohne Kohlensäure. Trinken Sie die Mischung in möglichst kleinen Schlucken.

Dosierung bei chronischen Beschwerden

Stellen Sie sich eine Einnahmeflasche mit der Blütenmischung her, die Sie für sich ausgesucht haben: Füllen Sie zunächst eine 20- oder 30-ml-Pipettenflasche aus Glas (Apotheke) zu einem Viertel mit Alkohol, etwa Cognac; für Kinder und abstinente Erwachsene mit Obstessig. Die restlichen drei Viertel der Flasche füllen Sie mit Quellwasser ohne Kohlensäure auf. Geben Sie dann von jeder ausgesuchten Bach-Blüte – insgesamt nicht mehr als vier Essenzen – je einen Tropfen zu der Mischung. Davon nehmen Sie viermal vier Tropfen, vor oder zwischen den Mahlzeiten.

So finden Sie Ihre Blütenessenz

Dr. Bach: »Für echte Heilung sind der Name und die Erscheinungsform der betreffenden Erkrankung ganz ohne Belang. Denn organische Erkrankungen sind lediglich Folge eines Missklangs zwischen Seele und Gemüt. Ist die Ursache behoben, verschwindet die Begleiterscheinung Krankheit von selbst.« Die Kunst besteht nun darin, die richtige Blütenessenz herauszufinden. Je nach Art des Problems können auch mehrere Blüten notwendig sein. Um die passenden Bach-Blüten für Ihre momentane Situation zu ermitteln, sollten Sie Ihre Grundstimmung erfassen. Wenn Sie gerade an Halsschmerzen, Durchfall oder Kopfschmerzen leiden, steckt dahinter immer auch eine gestörte seelische Befindlichkeit.

Bei Bach-Blüten sind keine Nebenwirkungen und keine Erstverschlimmerungen bekannt. Wenn Sie anfänglich bei der Wahl der Blütenessenzen danebengreifen, passiert nichts – auch keine Besserung Ihres Zustandes. Im Zweifelsfall suchen Sie einen Therapeuten auf.

Wichtig ist, dass Sie so genau wie möglich sagen können, welche seelische Not Sie oder die Person, die Sie behandeln wollen, plagt. Bestimmen Sie die jeweilige Befindlichkeit möglichst treffend: Wenn Sie beispielsweise an Ängsten leiden, dann ist es für die Wahl der passenden Bach-Blüte wichtig, die Art der Angst genau zu erkennen. Ist es eine ganz konkrete Angst oder eine unerklärbare, diffuse Angst? Hat ein bestimmtes Ereignis die Angst ausgelöst oder leiden Sie ständig unter dieser Angst? Bei den Bach-Blüten gibt es allein fünf verschiedene Blütenessenzen sowie die Blütenmischung der Notfalltropfen, die bei den verschiedenen Ängsten helfen. Zögern Sie nicht, sich im Zweifelsfall für zwei Blütenessenzen zu entscheiden. Es kann durchaus sein, dass Sie sogar noch mehr Blütenessenzen benötigen. Wenn Sie Bach-Blüten für Ihren Partner oder für Ihre Kinder aussuchen, wird es Ihnen wesentlich leichter fallen, deren Gemütszustand zu ermitteln. Bei sich selbst ist man hingegen häufig »betriebsblind«. Da hilft es, einen guten Freund oder eine gute Freundin um ihre aufrichtige Meinung zu bitten. Menschen, deren Wesen so geprägt ist, dass sie eine Tendenz zur Entscheidungsschwäche haben, wird es schwer fallen, unter 38 verschiedenen Blütenessenzen wählen zu müssen. Bei ihnen kann es leicht vorkommen, dass sie meinen, jede Blüte zu brauchen. Entscheidungsschwache Menschen sind Wild-Oat-Persönlichkeiten, Bach-Blüte 36, Seite 162. Auch die Wankelmütigkeit von Walnut-Persönlichkeiten, Bachblüte 33, Seite 163, die Unsicherheit bei Cerato, Bach-Blüte 5, Seite 179, oder die Unschlüssigkeit bei Scleranthus, Bach-Blüte 28, Seite 162, erschweren die Entscheidungsfreudigkeit. Kommen Sie allein nicht weiter, suchen Sie einen Therapeuten auf, der mit Bach-Blüten arbeitet.

Stockbottles, Vorratsfläschchen mit unverdünnten Blütenessenzen, gibt es einzeln und im Set.

Symptome und Beschwerden

Im Folgenden listen wir eine Auswahl von Symptomen und Beschwerden auf, die Ihnen helfen soll, Ihr Problem genau zu bestimmen und die dazu passende Bach-Blüte zu finden, die Linderung bringt.

Ängste

Ängste, unspezifische, Vorahnungen: Aspen – Espe oder Zitterpappel

Wenn vage Ängste und Vorahnungen Sie plagen, ohne dass Sie einen erklärbaren Grund dafür haben, dann ist Aspen die Blütenessenz, die Ihre Seele wieder ins Gleichgewicht bringen kann. Die Qualität der Angst bei Aspen entspricht dem, was der Volksmund als »Zittern wie Espenlaub« beschreibt. Menschen, die diese Bach-Blüte benötigen, sind sehr sensibel und werden plötzlich von unerklärlichen Ängsten überfallen. Sie entwickeln so etwas wie einen sechsten Sinn und ahnen Ärger und schlimme Ereignisse im Voraus. Sie reagieren wie ein Seismograf, leiden aber darunter. Diese außergewöhnliche Sensitivität hat jedoch Vorteile: Personen mit dieser Veranlagung spüren Gefahren rechtzeitig und werden so rechtzeitig gewarnt, bevor eine gefährliche Situation eintritt. Sobald sie gelernt haben, ihre Ängste als eingebautes Warnsystem zu betrachten, leben sie leichter.
Das können Sie mit Aspen erreichen: Sie lernen, Ihre sensitiven Veranlagungen realistischer einzuschätzen, und bleiben gelassener.

Konkrete Ängste: Mimulus – Gefleckte Gauklerblume

Diese Blütenessenz ist dann richtig für Sie, wenn Sie Ihre Ängste genau benennen können, beispielsweise als Angst vor großen Menschenansammlungen, vor Fahrstühlen, vor Spinnen, vor Krebs oder vor anderen Krankheiten. Menschen, die Mimulus brauchen, haben immer vor etwas Bestimmtem Angst. Sie sind sehr sensibel, und die Welt mit ihren vielen Menschen, dem Lärm und der Umtriebigkeit ist ihnen oft zu viel. Das Gute daran: Durch die Sensibilität spüren sie rechtzeitig, wenn ihre Seele zu leiden beginnt. Wenn Sie glauben, dass Sie Mimulus brauchen, dann ist es für Ihre Seele wichtig, dass Sie sich immer wieder früh genug Rückzugsmöglichkeiten und Ruheinseln schaffen, um sich zu regenerieren. In

Rock Rose hilft bei Panikanfällen, psychischen und physischen Traumata.

solchen Rückzugsphasen bekommen Sie die Kraft, sich wieder angstfreier in der »lauten« Welt zu bewegen. Wenn Ihre Bachblüte Mimulus ist, haben Sie den Vorteil, dass Sie wissen, wovor Sie Angst haben. Sie können daher je nach momentaner Verfassung entscheiden, wie vielen mit Angst besetzten Situationen Sie sich aussetzen wollen oder nicht. Das lässt sich steuern, wenn das Problem erst einmal erkannt ist.

Das können Sie mit Mimulus erreichen: mehr Vertrauen in das Leben gewinnen und ihm mit heiterer Gelassenheit gegenübertreten.

Panische Angst: Rock Rose – Gelbes Sonnenröschen

Wenn Sie bei körperlichen oder seelischen Ausnahmezuständen schnell in Panik geraten, wenn Sie starr vor Angst oder Schreck werden, dann ist Rock Rose die passende Bach-Blüte. Der Rock-Rose-Zustand ist selten ein chronischer Zustand. Meist gibt es einen konkreten Anlass als Auslöser, einen Unfall oder einen anderen Ausnahmezustand, der panikartige Angstgefühle plötzlich eskalieren lässt. Die Bach-Blüte Rock Rose ist auch Bestandteil der Notfalltropfen.

Das können Sie mit Rock Rose erreichen: Sie werden mutiger und können in Notfallsituationen Kräfte mobilisieren.

Angst als Folge von Schock: Rescue Remedy – Notfalltropfen

Wenn nicht nur die Angst, sondern auch andere Schockfolgen in einer Unfall- oder sonstigen Notfallsituation vorhanden sind, dann können Sie anstelle der Bach-Blüte Rock Rose auch die ganze Notfallmischung, die Rescue-Tropfen, einnehmen. Eine genaue Beschreibung der Rescue-Tropfen finden Sie auf Seite 153.

Das können Sie mit Rescue Remedy erreichen: Sie überstehen die Folgen von Schockereignissen schneller und ohne Nachwirkungen. Auch Operationen verlaufen nach vorheriger Einnahme von Rescue-Tropfen mit deutlich weniger Komplikationen.

Angst davor, die Kontrolle zu verlieren: Cherry Plum – Kirschpflaume

Wenn es Ihnen Angst macht, dass Sie über etwas die Kontrolle verlieren könnten, dann ist Cherry Plum die richtige Blütenessenz für Sie. Sobald Sie lernen loszulassen, verlieren Sie Ihre Angst. Cherry Plum ist die »Loslassblüte«. Nicht loslassen können – dahinter steckt ein mangelndes Vertrauen in das Leben an sich, und das erschwert den Alltag. Menschen, die Cherry Plum benötigen, stehen unter ständigem Druck und haben Angst, durchzudrehen. Sie fühlen sich oft sehr gestaut und neigen zu Wutausbrüchen – der Choleriker ist hier zu Hause. Diese Menschen wirken angespannt, verkrampft und sie halten gerne verbissen an ihren Ideen fest. Das hindert sie auf Dauer daran, sich innerlich weiterzuentwickeln, was die Seele nicht gut verträgt.
Das können Sie mit Cherry Plum erreichen: mehr Gelassenheit in Stresssituationen, mehr Offenheit und Spontaneität.

Angst um andere Menschen: Red Chestnut – Rote Kastanie

Leben Sie in ständiger Angst um Ihre Liebsten? Um Ihren Partner, Ihre Kinder, Ihre Eltern oder Geschwister? Haben Sie immer Angst, Ihnen nahe stehende Menschen könnten krank werden, einen Unfall haben, ihren Job verlieren oder unglücklich sein? Typisches Anzeichen dafür, dass Sie Red Chestnut brauchen, ist, dass Sie gleich an einen Unfall oder an ein anderes schlimmes Ereignis denken, wenn sich eine geliebte Person nicht pünktlich bei Ihnen meldet. Auch hinter dieser Angst steckt, wie hinter allen Ängsten, ein mangelndes Vertrauen in das Leben. Die ausschließliche Angst um geliebte Menschen drückt aber auch eine starke Bindung und das Nicht-loslassen-Können aus, was psychologisch gesehen auf überstarke Vater- oder Mutterbindungen schließen lässt.
Das können Sie mit Red Chestnut erreichen: Sie werden gelassener, gewinnen mehr Vertrauen und kümmern sich stärker um sich selbst.

Depressive Verstimmungen

Bei Stimmungstiefs ohne erkennbare Ursache: Mustard – Wilder Senf

Diese Bach-Blüte benötigen alle Menschen, die melancholisch veranlagt sind. Wenn Sie sich gerade wieder in einer Phase befinden, in der Sie

traurig, schwermütig und völlig ohne Antrieb sind, dann hilft Ihnen Mustard. Die Neigung zu solchen Stimmungstiefs tritt häufig bei Menschen auf, in deren Familien Depressionen vorkommen. Die betroffenen Menschen fühlen sich den plötzlich auftretenden Stimmungseinbrüchen wehrlos ausgesetzt und sind dabei in ihrem Denken sowie in ihren Handlungen blockiert. Sie strahlen oft Schwere aus.
Das können Sie mit Mustard erreichen: Heiterkeit und Klarheit.

Eifersucht

Eifersucht, Neid, Rachsucht: Holly – Stechpalme

Sind Sie neidisch, rachsüchtig oder leiden Sie unter Eifersucht? Werden Sie sofort aggressiv, wenn Sie merken, dass Sie hintergangen werden? Dann ist Holly die Bach-Blüte der Wahl. Menschen, die Holly brauchen, wirken auf ihre Mitmenschen misstrauisch, bisweilen auch hartherzig. Sie wittern hinter allem etwas Negatives und scheuen sich auch nicht, wenn jemand anderem etwas misslingt, Schadenfreude zu zeigen. Das sind alles ganz normale menschliche Eigenschaften, die jeder von sich kennt. Holly wird erst dann notwendig, wenn diese Gefühle im Übermaß vorhanden sind und den Betroffenen quälen. Holly kommt auch zum Einsatz, wenn ein Geschwisterkind geboren wird und das ältere Kind eifersüchtig reagiert.
Das können Sie mit Holly erreichen: Großherzigkeit.

Heather ist das Mittel der Wahl für alle, die das Alleinsein nicht ertragen.

Einsamkeit

Heather – Schottisches Heidekraut

Heather ist die richtige Bach-Blüte für Sie, wenn Ihre Einsamkeit daraus resultiert, dass Sie nur mit sich selbst beschäftigt sind und Ihre Mitmenschen und deren Probleme kaum wahrnehmen. Menschen, die Heather benötigen, reden unentwegt von sich selbst und ihren Problemen. So viel Selbstbezogenheit muss einsam machen. Die Verhaltensweise unter Heather erinnert an ein bedürftiges Kleinkind, das ein starkes Mitteilungsbedürfnis hat. Im Gegensatz zu der Einsamkeit des Water-Violet-Zustands (siehe unten) wird die Einsamkeit bei Heather schlecht vertragen. Heather-betonte Menschen brauchen ständig andere um sich, denen sie alles erzählen können, was sie bewegt.

Das können Sie mit Heather erreichen: Einfühlungsvermögen und mehr Aufmerksamkeit für Ihre Umwelt. Zuhören können.

Einsamkeit durch Stolz: Water Violet – Sumpfwasserfeder

Wenn Sie sich immer wieder dabei ertappen, dass Sie sich zurückziehen, weil Sie sich überlegen fühlen oder meinen, Ihre Probleme am besten allein meistern zu können, dann befinden Sie sich überwiegend in einem negativen Water-Violet-Zustand. Menschen mit dieser Haltung bitten andere nicht gern um Rat und sind in seelischen Notsituationen allein, da ihr Stolz ihnen verbietet, Hilfe aufzusuchen. Sie ziehen sich zurück in die Isolation – dieser Abstand macht einsam. Water-Violet-Persönlichkeiten bauen oft eine große Distanz zu ihren Mitmenschen auf. Da sie aber zugleich sehr kompetent wirken, werden sie selbst oft um Rat gefragt. Das kann dazu führen, dass sie anderen als seelischer Mülleimer dienen, selbst aber ihren »Müll« für sich behalten.

Das können Sie mit Water Violet erreichen: Entspannung, ein neues Gefühl des Miteinander, eine demütigere Haltung dem Leben gegenüber.

Ekel, Selbstablehnung

Ekelgefühle, ständiges Reinigungsbedürfnis: Crab Apple – Holzapfel

Crab Apple ist die »Reinigungsblüte«. Menschen, die Crab Apple benötigen, leben in dem ständigen Gefühl, innerlich oder äußerlich beschmutzt zu sein. Sie haben daher einen ausgeprägten Ordnungs- und Reinigungssinn. Ein Problem entsteht daraus erst dann, wenn es sie selbst oder ihre Mitmenschen stört oder wenn es zwanghaft wird. So kann ein negativer Crab-Apple-Zustand dazu führen, dass man alles reinigen und desinfizieren muss, aus Angst vor Keimen, Schmutz oder vor Insekten. Die äußere Erscheinung der betroffenen Menschen ist dementsprechend »wie aus dem Ei gepellt«. Auf der seelischen Ebene steckt dahinter das Bedürfnis

nach innerer Reinheit und Klarheit, was verständlich und positiv ist. Viele Entgiftungstherapien in der Naturheilkunde reinigen auf der körperlichen und auf der seelischen Ebene, um zu dieser Klarheit zu kommen. Reichen diese Therapien nicht aus, um sich gereinigt zu fühlen, dann wird es höchste Zeit für Crab Apple. Übrigens: Crab Apple wirkt auch bei anderen Lebewesen – die Bach-Blüte hilft Pflanzen gegen Läusebefall.
Das können Sie mit Crab Apple erreichen: Sie können wieder das große Ganze sehen statt sich in Details zu verlieren, und lernen, Hygiene nicht zu übertreiben.

Entscheidungsschwierigkeiten

Keine klaren Zielvorstellungen: Wild Oat – Waldtrespe

Wild Oat benötigen Sie, wenn Sie sich nie entscheiden können, weil Sie keine klaren Zielvorstellungen haben. Das kann sich auf berufliche Entscheidungen oder auf private beziehen. Menschen, die Wild-Oat-geprägt sind, sind vielseitig begabt, lernen mühelos und haben viel Erfolg. Sie lieben das Unkonventionelle und brechen gerne immer wieder aus ihrem Leben aus, um etwas Neues zu beginnen. Da sie sich nie ganz für etwas entscheiden und sich nie völlig auf eine Sache einlassen, haben sie mit der Zeit das Gefühl, am Leben vorbeizuleben. Darunter leiden sie. Die Aufgabe besteht für sie darin, ihre vielen verschiedenen Fähigkeiten zu vertiefen, dabei einen übergeordneten roten Faden zu finden und ihm dann zu folgen. Wenn Sie Wild-Oat-geprägt sind, dann machen Sie sich klar, dass Ihre vielseitigen Talente nach einem abwechslungsreichen Beruf, eventuell mehreren Berufen gleichzeitig verlangen. Nur damit können Sie glücklich werden. Übrigens: Mehrere Berufe gleichzeitig auszuüben, liegt ganz im Trend unserer Zeit, und die Fähigkeit dazu ist jetzt bereits eine Voraussetzung für beruflichen Erfolg.
Das können Sie mit Wild Oat erreichen: Sie werden innerlich ruhiger klarer, sicherer und konsequenter, weil Sie allmählich wissen, was Sie wirklich wollen.

Schwanken zwischen zwei Möglichkeiten: Scleranthus – Einjähriger Knäuel

Haben Sie das Empfinden, dass Sie innerlich immer zwischen zwei Möglichkeiten hin- und hergerissen sind? Können Sie sich einfach nicht ent-

scheiden, weil Sie beide Möglichkeiten gut finden? Neigen Sie dazu, Entscheidungen wochen- oder monatelang vor sich herzuschieben? Dahinter steckt eine innere Unausgeglichenheit, die auch zu Unruhe (siehe Seite 177) und Stimmungsschwankungen (siehe Seite 176) führen kann. Menschen im negativen Scleranthus-Zustand wirken auf ihre Mitmenschen unruhig, unkonzentriert und fahrig, bisweilen auch unzuverlässig. Auf der körperlichen Ebene manifestieren sich diese Probleme in Blutdruckschwankungen oder Gleichgewichtsstörungen, auch Verdauungsstörungen wie Durchfall oder Verstopfung können auftreten. Nach der Einnahme von Scleranthus sind diese Menschen in der Lage, ihre Entscheidungen mit traumwandlerischer Sicherheit zu treffen.
Das können Sie mit Scleranthus erreichen: mehr Konzentration und Entschlossenheit.

Verhilft bei Entscheidungen zum Durchbruch: Walnut – Walnuss

Ist die Entscheidung im Prinzip schon gefallen, aber der letzte Schritt noch nicht getan? Dann benötigen Sie die Bach-Blüte Walnut, die Ihnen bei Umbruchphasen in Ihrem Leben hilft. Es geht bei Walnut nicht darum, eine Entscheidung fällen zu müssen, sondern darum, die bereits gefällte Entscheidung nun auch optimal umzusetzen. Lebensphasen wie Pubertät, Wechseljahre, Zahnen und Schwangerschaft sind Walnut-geprägt. Diese Bach-Blüte können Sie immer dann sehr gut einsetzen, wenn Sie an entscheidenden Anfangsphasen Ihres Lebens stehen – wie Berufsstart, Jobwechsel, Heirat, Mutterschaft, Beginn der Rentenzeit.
Das können Sie mit Walnut erreichen: Sie treten Veränderungen in Ihrem Leben unbefangen und gestärkt entgegen.

Stehen Veränderungen an, hilft Walnut, sich zu entscheiden.

Erschöpfung

Mentale Erschöpfung: Hornbeam – Weiß- oder Hainbuche

Fühlen Sie sich morgens zu schwach, um die täglichen Pflichten zu bewältigen? Haben Sie oft das typische Montagmorgen-Gefühl? Fehlt Ihnen die seelische Spannkraft, weil der Alltag zu sehr zur Routine geworden ist? Sind Sie am Morgen schon müde? Dann sind Sie erschöpft, weil

Ihre Lebensweise zu einseitig ist, was Sie in einen negativen Hornbeam-Zustand gebracht hat. Immer wieder im Leben gibt es Zeiten, in denen man einseitig lebt: Bei tage- und nächtelangem Lernen auf ein Examen hin, bei wochenlanger Bettlägrigkeit, in einem zu kopflastigen Beruf ohne körperlichen Ausgleich. Auch Menschen, die ständig zu viel fernsehen oder lesen, geraten in einen negativen Hornbeam-Zustand. Versuchen Sie daher, so viel Abwechslung wie möglich in Ihren Alltag zu bringen, um einer mentalen Erschöpfung vorzubeugen. Brechen Sie immer wieder bewusst aus Ihrer Routine aus. Zusätzlich können Sie Ihre Seele mit Hornbeam unterstützen.
Das können Sie mit Hornbeam erreichen: neue innere Lebendigkeit und geistige Frische.

Chronische Erschöpfung durch Überarbeitung: Oak – Eiche

Sind Sie ein »Arbeitstier« und schenken Sie sich nichts im Leben? Halten Sie aus reinem Pflichtbewusstsein selbst den größten Stress durch, obwohl Sie spüren, dass Sie eigentlich erschöpft sind? Würden Sie nie eine Aufgabe ablehnen, obwohl Sie bereits überarbeitet sind? Dann befinden Sie sich in einem negativen Oak-Zustand. Kein Wunder, dass Sie sich ständig zu viel zumuten, denn Oak, die Eiche, ist geradezu ein Sinnbild für Robustheit und damit auch Durchhaltevermögen. Diese Stärke ist Oak-betonten Menschen zu eigen, aber leider neigen sie dazu, die Grenze ihrer Leistungsfähigkeit zu ignorieren. Das führt auf Dauer zu Erschöpfung und kann so weit gehen, dass sie verbissen werden. Für sie gilt es zu erkennen, dass auch starke Menschen ihre Ruhepausen brauchen. Je eher sie das akzeptieren, umso schneller lernen sie, mit ihren Kräften sinnvoll umzugehen, und verhindern damit ausgeprägte Erschöpfungszustände.
Das können Sie mit Oak erreichen: Erkennen der eigenen Leistungsgrenzen und das Zulassen schöpferischer Pausen. Dadurch entsteht wirkliche Kraft und Ausdauer.

Körperliches und seelisches Ausgelaugtsein: Olive – Olive

Olive benötigen Sie dann, wenn eine lange anstrengende Lebensphase hinter Ihnen liegt und Sie auf der körperlichen, geistigen und seelischen Ebene gleichermaßen ausgebrannt sind. Möglicherweise hatten Sie eine besonders stressige berufliche Zeit oder eine schwere Krankheit durchzustehen, haben lange Zeit einen kranken Menschen gepflegt oder spüren

die Folgen einer dauerhaft falschen Ernährung. Olive ist angebracht, wenn Sie von sich sagen: »Selbst die kleinste Alltagsaufgabe ist mir zu viel.« Körperlich wirkt sich eine völlige Erschöpfung in einer ungenügenden Sauerstoffversorgung, einer verminderten Nierenfunktion oder einer gestörten Darmflora aus.
Das können Sie mit Olive erreichen: Stärkung und Regeneration. Besserer Umgang mit den eigenen Energiereserven.

Hoffnungslosigkeit

Entmutigt sein: Gentian – Herbstenzian

Sind Sie leicht zu entmutigen? Sehen Sie immer zuerst die Nachteile und das Schlechte in allem? Sind Sie ein Pessimist? Dann brauchen Sie die Blütenessenz Gentian. Gentian-betonte Menschen zweifeln an allem und sind äußerst skeptisch. Die Skepsis, von der wir hier sprechen, geht über das normale Maß hinaus und erschwert den betroffenen Menschen das Leben. Sie fühlen sich schneller als andere enttäuscht und deprimiert, weil sie ihr Augenmerk stets auf das Negative richten. Im Gentian-Zustand ist es wichtig zu lernen, dass man auch mit Konflikten und Schwierigkeiten zuversichtlich in die Zukunft blicken kann. Trauer (siehe Seite 177) über den Verlust einer geliebten Person oder wegen einer missglückten Angelegenheit lässt sich ebenfalls mit Gentian mildern.
Das können Sie mit Gentian erreichen: positivere Lebenseinstellung, neue Hoffnung.

Hoffnungslosigkeit: Gorse – Stechginster

Fühlen Sie sich völlig entmutigt? Haben Sie das Gefühl, alle Hoffnung aufgegeben zu haben? Dann brauchen Sie die Blütenessenz Gorse. Auf der körperlichen Ebene leiden Menschen, die Gorse-betont sind, meist unter chronischen Krankheiten. Sie probieren oft viele Behandlungen erfolglos aus, was die Gorse-Problematik noch

Gorse schenkt Hoffnung, Sicherheit und neuen Mut in schwierigen Lebenssituationen.

verstärkt. Sie hoffen auf ein Wunder, etwas, was sie rettet, und haben vergessen, dass Heilung immer nur aus den eigenen Selbstheilungskräften heraus möglich ist. Deshalb testen sie immer wieder andere Therapien aus, glauben aber nicht wirklich an einen Erfolg.
Das können Sie mit Gorse erreichen: neuen Mut trotz schwieriger Lebenssituation gewinnen; Zuversicht.

Interesselosigkeit

Kein Interesse an der Gegenwart: Honeysuckle – Geißblatt

Gehören Sie zu den Menschen, denen lang zurückliegende Erlebnisse wichtiger sind als die Gegenwart oder die Zukunft? Flüchten Sie sich lieber ins Gestern anstatt sich dem Hier und Jetzt und seinen Problemen zu stellen? Weigern Sie sich, belastende Ereignisse zu verarbeiten, und ziehen das Leiden vor? Honeysuckle ist die Bach-Blüte, die helfen kann, mit Vergangenem abzuschließen. Menschen, die diese Bach-Blüte benötigen, flüchten sich sozusagen in die Vergangenheit: Sie denken gerne wehmütig an früher zurück und bringen ihrem aktuellen Leben wenig oder kein Interesse entgegen. Diesen eher konservativen Menschen fällt es nicht leicht, sich von Menschen, Orten oder Gegenständen zu trennen.

Als Nostalgieblüte wird Honeysuckle bezeichnet. Sie hilft allen, die wesentlich lieber in der Vergangenheit weilen als in der – in ihren Augen oft wenig attraktiven – Gegenwart.

Das können Sie mit Honeysuckle erreichen: sich auf den Rhythmus des Lebens einlassen und der Vergangenheit ihren angemessenen Raum geben. Dadurch entsteht wieder Interesse an der Gegenwart.

Unfähigkeit aus Fehlern zu lernen: Chestnut Bud – Knospe der Ross- oder der Weißen Kastanie

Menschen, die Chestnut Bud brauchen, haben Schwierigkeiten damit, aus ihren Fehlern klug zu werden. Deshalb geraten sie häufig immer wieder in dieselben Situationen, handeln nach gewohntem Muster und verarbeiten ihre Erfahrungen nicht. Sie verlieben sich ständig in denselben Männer- oder Frauentyp, obwohl sie aus Erfahrung wissen, dass eine derartige Beziehung nicht gut gehen kann. Es interessiert sie nicht, sich mit ihren Mustern und Fehlern auseinander zu setzen. Stattdessen stürzen sie sich lieber – und zwar unüberlegt – in das nächste Abenteuer. Auch Lernprozesse in der Schule oder im Beruf werden dadurch behindert, dass die betroffenen Menschen nur wenig Aufmerksamkeit und Konzentration aufbringen. Das kann Eltern mit Chestnut-betonten Kindern verzweifeln lassen, etwa dann, wenn sich im Diktat trotz ständigen Übens wiederholt dieselben Rechtschreibefehler einschleichen. Derartig geprägten Menschen fehlt es nicht etwa an Intelligenz, sie leben einfach nur in einer anderen Gedankenwelt und setzen sich mit Lernprozessen nicht auseinander. Chestnut Bud kann helfen – Kindern ebenso wie Erwachsenen.
Das können Sie mit Chestnut Bud erreichen: Sie können besser lernen, auch aus Ihren Fehlern, und haben wieder Interesse am Leben.

Verträumt: Clematis – Weiße Waldrebe

Würden Sie sich als einen Tagträumer bezeichnen? Sind Sie mit Ihren Gedanken permanent woanders? Glauben Sie, dass Sie Ihre kreativen Fähigkeiten nicht realisieren können, und sinnen Sie daher lieber über eine erfüllte Zukunft nach? Finden Sie die Realität uninteressant? Bauen Sie gerne Luftschlösser? Dann gehören Sie zu den besonders künstlerisch begabten Menschen, die die »Normalität« des Lebens schlecht aushalten. Wenn die Tendenz, sich in eine Fantasiewelt zu flüchten und auf bessere Zeiten zu warten, überhandnimmt, kann die Bach-Blüte Clematis Sie wieder ins Lot bringen. Diese Blüte ist auch Bestandteil der Notfalltropfen (siehe Seite 153), da sie bei drohender Bewusstlosigkeit in Schocksituationen hilft. Menschen, die Clematis-betont sind, haben oft sehr hohe

Ideale. Sie sollten lernen, ihre kreativen Anlagen umzusetzen, um wenigstens einige ihrer Vorstellungen zu verwirklichen. Dadurch finden sie wieder Anschluss an das Hier und Jetzt.
Das können Sie mit Clematis erreichen: mehr Interesse an der Gegenwart. Ihre Fähigkeiten zielorientierter umzusetzen.

Konfliktvermeidung

Agrimony – Odermennig

Hassen Sie Konfliktsituationen? Möchten Sie lieber vom Erdboden verschluckt werden, als sich einer kniffligen Situation auszusetzen? Macht Streit Sie krank? Würden Sie sich als harmoniesüchtig bezeichnen? Ist es Ihnen besonders wichtig, nach außen immer ein gutes Bild abzugeben, auch wenn es Ihnen gerade sehr schlecht geht? Dann ist Agrimony Ihre Bach-Blüte. Das Problem bei dieser seelischen Veranlagung oder vorübergehenden Störung ist, dass die Welt nun einmal voller Konflikte steckt. Es ist daher eine Illusion zu glauben, man könnte sie – wenn man es nur geschickt genug anstellt – vermeiden. Agrimony-betonte Menschen fliehen ständig vor ihren Problemen oder sie machen gute Miene zum bösen Spiel. Das heißt, sie gehen eine Menge Kompromisse mit der Familie oder im Beruf ein, nur um den Frieden zu wahren. Die äußere Erscheinung dieser Menschen ist meist gepflegt, alles ist immer top. Sie sind stets freundlich und handeln nach dem Motto: »Keep smiling.« Das macht sie jedoch innerlich aggressiv und unruhig, da ihre eigenen Bedürfnisse keinen Raum bekommen. Sie neigen daher zum Zähneknirschen und zu Suchtkrankheiten, betäuben sich mit Alkohol, Essen oder Medikamenten.
Das können Sie mit Agrimony erreichen: bessere Konfliktfähigkeit, mehr Ehrlichkeit sich selbst und anderen gegenüber.

Lebensfreude, Mangel an

Wild Rose – Heckenrose

Wildrosen gelten auch in der Pflanzenheilkunde als Stimmungsaufheller. Vielleicht ist das ein Grund, weshalb Rosenöl eine viel verwendete Zutat von Parfums ist. Wenn Sie Wild Rose benötigen, dann ist Ihre Lebensfreude so sehr im Keller, dass Sie sich fragen: Lebe ich eigentlich noch, oder vegetiere ich vor mich hin? Menschen, die im negativen Wild-Rose-Zustand leben, haben innerlich kapituliert. Sie fühlen sich apathisch, resigniert, haben an kaum etwas mehr Freude und stellen oft fest, dass ihnen schon lange nichts mehr richtig Spaß gemacht hat. Ist eine derartige Gleichgültigkeit stark ausgeprägt, dann ist es unbedingt ratsam, sich professionelle Hilfe zu holen und sich nicht allein mit Bach-Blüten zu behandeln. Vor allem dann, wenn dieser verminderte Antrieb schon seit längerer Zeit besteht, ist es schwer, sich selbst wieder zu motivieren. Der negative Wild-Rose-Zustand macht den betroffenen Menschen oft so teilnahms- und interesselos, dass er ohnehin nicht die Kraft und sie Stärke aufbringen kann, sich allein zu helfen.

Mit Wild Rose kehren Lebenslust und Vitalität zurück – Sie blühen auf und werden kreativer.

Das können Sie mit Wild Rose erreichen: neue Lebensfreude, positive Lebensmotivation.

Mutlosigkeit, Unzulänglichkeitsgefühle

Elm – Ulme

Haben Sie das Gefühl, Sie seien den Aufgaben, die Sie zu bewältigen haben, nicht gewachsen? Fehlt Ihnen der Mut dazu? Können Sie plötzlich Situationen nicht mehr meistern, die früher kein Problem für Sie waren? Lastet eine Verantwortung auf Ihnen, die Sie derzeit lieber abgeben möchten? Wenn Sie zu den Menschen gehören, die sich normalerweise stark mit ihrem Beruf oder ihrer Rolle als Mutter identifizieren, sich aber momentan nicht in der Lage fühlen, Ihre Pflichten gut zu erledigen, dann benötigen Sie die Blütenessenz Elm. Wenn Sie dazu neigen, zu viel

Verantwortung zu übernehmen, gönnen Sie sich etwas Zeit zum Überlegen: Ziehen Sie sich in aller Ruhe zurück und fragen Sie sich, ob Sie wirklich noch eine weitere Aufgabe bewältigen können und wollen.
Das können Sie mit Elm erreichen: Sie trauen sich wieder zu, Verantwortung zu übernehmen – vor allem für sich selbst.

Perfektionismus

Überkritisch: Beech – Rotbuche

Fallen Ihnen die Fehler anderer Menschen sofort auf? Ertappen Sie sich dabei, dass Ihnen oft das Verständnis für die Schwächen anderer Menschen fehlt? Wurde Ihnen schon einmal gesagt, Sie wären zu intolerant oder zu kritisch? Das bedeutet einerseits, dass Sie ein sehr gutes Urteilsvermögen besitzen, was in vielen Berufen ein großer Vorteil ist. Andererseits kann Ihre starke Kritikfähigkeit Sie im zwischenmenschlichen Bereich behindern, da Ihre strengen Richtlinien leicht diskriminierend wirken können. Menschen, die im negativen Beech-Zustand leben, müssen verstehen lernen, dass Menschen gerade dadurch liebenswürdig werden, dass sie nicht perfekt sind – dafür aber einzigartig.
Das können Sie mit Beech erreichen: mehr Mitgefühl und Toleranz.

Hohe Erwartungen: Chicory – Wegwarte

Können Sie es nicht ertragen, wenn andere nicht das tun, was Sie ihnen gut gemeint raten? Erwarten Sie von Ihren Mitmenschen unbedingte Dankbarkeit für Ihre Taten? Versteckt sich hinter Ihrer Hilfsbereitschaft eigentlich der Wunsch nach Aufmerksamkeit? Dann kann die Bach-Blüte Chicory Ihnen helfen, die eigenen Bedürfnisse in ein geeignetes Verhältnis zu den Bedürfnissen anderer Menschen zu setzen. Menschen, die diese Bach-Blüte benötigen, sind starke Persönlichkeiten, die lernen sollten, etwas selbstloser mit ihren Mitmenschen umzugehen. Sie sind oft manipulierend und besitzergreifend, wollen um jeden Preis Aufmerksamkeit. Im positiven Chicory-Zustand haben diese Menschen die Fähigkeit, sich mit Liebe und Hingabe um andere Menschen zu kümmern, ohne eine Gegenleistung zu fordern.
Das können Sie mit Chicory erreichen: weniger übertriebene Fürsorglichkeit und einen besseren Umgang mit den eigenen Bedürfnissen, selbstlose Liebe, echte Mütterlichkeit.

Sich selbst gegenüber zu streng: Rock Water – Wasser aus heilkräftigen Quellen

Rock Water macht toleranter und flexibler.

Sind sie mit sich selbst zu streng? Unterdrücken Sie Ihre eigenen Bedürfnisse, weil andere Dinge Vorrang haben? Sind Sie perfektionistisch und zu diszipliniert? Ziehen Sie Ihre Programme durch, auch wenn die aktuelle Situation flexibles Handeln erfordert? Dann hilft Ihnen Rock Water, sich aus diesem Zustand der Selbstkasteiung wieder zu befreien. Oft haben Rock-Water-geprägte Menschen etwas Asketisches an sich und versagen sich viele Freuden des Lebens, um ihre meist hochgesteckten Ziele zu erreichen. Sie beharren stur auf ihren Ansichten und sind daher schwierige Verhandlungspartner. Hinter dieser unnachgiebigen Haltung verbergen sich meist hohe Ideale, die diese Menschen realisieren oder vorleben möchten, oder übertriebene Moralvorstellungen, von denen sie nicht abweichen wollen. Körperlich wirkt sich eine solche Haltung auf die Muskulatur aus, die zu Verspannungen neigt. Auch die Gelenke können versteifen. Im positiven Zustand lernt man, seine Ideale offen und mit Lebensfreude umzusetzen.
Das können Sie mit Rock Water erreichen: mehr innere Freiheit, Anpassungsfähigkeit.

Für eine gute Sache: Vervain – Eisenkraut

Sind Sie übereifrig, wenn es um eine gute Sache geht? Vergessen Sie bei Ihrem Engagement dann alles um sich herum – auch Ihre eigenen Bedürfnisse? Treiben Sie Raubbau mit Ihren Kräften, wenn Sie ein großes Ziel vor Augen haben? Auch hier wird die Seele beherrscht von Selbstdisziplin, ähnlich wie im Rock-Water-Zustand. Der Unterschied besteht darin, dass Rock-Water-geprägte Menschen andere nicht von ihrer Meinung überzeugen wollen. Vervain-Menschen dagegen treten nach außen offen, warmherzig und energiegeladen auf und versuchen in ihrem Übereifer andere Menschen mit ihren Idealen zu begeistern. Sie sind Überzeugungstäter und überrollen ihr Gegenüber und ihre eigenen Bedürfnisse »der Sache zuliebe«.
Das können Sie mit Vervain erreichen: Sie gestehen anderen Menschen eine eigene Meinung zu. Sie setzen sich auch dann für Ihr Ziel ein, wenn Sie nicht gleich die ganze Welt retten können.

Perfektionistisch und machthungrig: Vine – Weinrebe

Haben Sie Schwierigkeiten, Anordnungen anderer Menschen zu befolgen? Sind Sie sehr ehrgeizig? Können Sie andere terrorisieren, wenn es um die Durchsetzung Ihrer Ideen geht? Dann kann Vine Ihnen helfen, etwas lockerer mit Ihrem Perfektionismus umzugehen. Kinder, die Vine-geprägt sind, kosten ihre Eltern Nerven. Sie sind das, was man »Der kleine Tyrann« nennt, jene Kinder, die in Kaufhäusern, Restaurants oder Zügen mit aller Macht ihre Wünsche durchsetzen. Als Erwachsene besitzen Vine-betonte Menschen die Fähigkeit, Verantwortung zu übernehmen, einen Betrieb zu leiten, verbunden mit positiven Führungsqualitäten. Im negativen Vine-Zustand versuchen die betreffenden Menschen, ihre Macht zu missbrauchen. Vine verhilft dazu, sein Führungstalent für andere nutzbringend einzusetzen.
Das können Sie mit Vine erreichen: natürliche Autorität, Großmut.

Prüfungsstress

Blütenmischung aus Gentian, Elm, Clematis, Larch, White Chestnut

Vor Prüfungen aller Art empfiehlt sich die Einnahme dieser Prüfungsmischung, um gelassener und konzentrierter den Stress durchzustehen. Sie sollten die Tropfen bereits in der Vorbereitungszeit, wenn der Stresspegel schon steigt, regelmäßig einnehmen: viermal täglich vier Tropfen.
Gentian: um mutig zu werden und nicht am Erfolg zu zweifeln,
Elm: damit Sie sich der Prüfungssituation gewachsen fühlen,
Clematis: um geistig immer anwesend zu sein,
Larch: um mehr Selbstvertrauen zu gewinnen,
White Chestnut: für eine optimale Konzentration.

Realitätsflucht

Realitätsflucht hat verschiedene Hintergründe:

- Wenn Sie Ihren Alltag unerträglich finden, weil er Ihnen zu unharmonisch ist, dann ist die passende Bach-Blüte *Agrimony – Odermennig* (siehe Seite 168).
- Wenn Sie immer in Ihrer eigenen Welt leben und ein Tagträumer sind, hilft *Clematis – Weiße Waldrebe* (siehe Seite 167).

Schockverarbeitung

Star of Bethlehem – Doldiger Milchstern

Star of Bethlehem heilt seelische Verletzungen und alte Wunden.

Diese Bach-Blüte ist Bestandteil der Notfalltropfen, kann aber auch für sich allein zum Einsatz kommen. Wenn Sie spüren, dass Sie eine seelische oder körperliche Erschütterung, die schon länger zurückliegt, noch nicht verkraftet haben, dann ist Star of Bethlehem – der Seelentröster – die passende Bach-Blüte. Mag sein, dass das Erlebnis Sie in Ihren Träumen verfolgt. Es kann auch sein, dass Sie tagsüber immer wieder an dieses Ereignis denken und es Sie immer wieder stark mitnimmt, Sie sozusagen »untröstlich« sind. Menschen, die Star of Bethlehem benötigen, neigen dazu, sich alles sehr zu Herzen zu nehmen, und verkraften somit viele schwierige Situationen schlechter als andere Menschen. Bei rechtzeitiger Einnahme dieser Blütenessenz werden unangenehme Vorkommnisse allgemein leichter verarbeitet und der Mensch gewinnt an Kraft.

Das können Sie mit Star of Bethlehem erreichen: Sie können einschneidende Schockerlebnisse leichter verarbeiten und werden in neuen widrigen Situationen nicht mehr so stark erschüttert.

Rescue Remedy – Notfalltropfen

Bei allen seelischen Erschütterungen, die durch Unfälle, schlechte Nachrichten, Operationen, Prüfungen oder sonstige Erlebnisse hervorgerufen werden, sind Notfalltropfen (siehe Seite 153) die optimale Medizin.

Das können Sie mit Rescue Remedy erreichen: schnellere Verarbeitung von Schockerlebnissen ohne nachhaltige Schäden für die Seele.

Schüchternheit, Verlegenheit

Mimulus – Gefleckte Gauklerblume

Ärgern Sie sich, weil Sie ständig rot werden, wenn Sie beispielsweise vor einem größeren Publikum, sei es vor Ihren Kollegen oder vor einer Klasse, etwas vortragen müssen? Oder wenn ein fremder Mensch Sie anspricht? Leiden Sie darunter, dass Sie zu schüchtern sind? Wären Sie gerne etwas mutiger? Mimulus ist dann die passende Bach-Blüte. Letztlich stecken hinter Schüchternheit und Verlegenheit die Angst vor Unbekanntem und die Angst vor Menschenansammlungen. Wenn Sie allerdings schon immer unter Ihrer Schüchternheit leiden, dann ist das ein Teil Ihres Wesens und Sie werden das mit Mimulus nicht beseitigen können. Doch die Sensibilität und die Neigung, auf Stress mit körperlichen Symptomen zu reagieren, wenn die Anforderungen zu hoch werden, haben auch ihre guten Seiten. Durch die hohe Empfindsamkeit spüren Sie schneller als andere, ab wann Ihre Seele leidet – Sie können daher früher gegensteuern.
Das können Sie mit Mimulus erreichen: Annehmen und besseres Umgehen mit der eigenen Sensibilität. Mehr Vertrauen in das Leben gewinnen und mit heiterer Gelassenheit dem Leben entgegentreten.

Schuldgefühle

Pine – Schottische Kiefer

Leiden Sie unter Schuldgefühlen? Haben Sie den Eindruck, dass Sie sich ständig für alles verantwortlich fühlen? Entschuldigen Sie sich auch dann, wenn Sie gar nicht schuld sind? Haben Sie Schwierigkeiten, sich so anzunehmen, wie Sie sind? Fühlen Sie sich bisweilen sogar für Fehler anderer Menschen verantwortlich? Dann kann die Bach-Blüte Pine Ihnen helfen, sich selbst zu verzeihen und Grenzen zwischen eigener und fremder Verantwortlichkeit zu ziehen. Sich selbst keine Schuld für alles zu geben ist der Lernschritt, zu dem ein Pine-betonter Mensch aufgefordert ist. Er sollte erkennen, dass es kein Vergehen ist, Fehler zu machen. Fehler kann man bereuen, man muss sich deshalb aber nicht den Rest des Lebens Vorwürfe machen. Die Kunst besteht darin, sich mit seinen guten und schlechten Seiten anzunehmen – so wie man ist.
Das können Sie mit Pine erreichen: sich selbst und anderen verzeihen. Ein realistisches Gefühl für Verantwortlichkeiten.

Selbstvertrauen, Mangel an

Larch – Lärche

Fehlt es Ihnen an Selbstvertrauen? Fühlen Sie sich anderen Menschen immer unterlegen? Trauen Sie sich vieles nicht zu? Glauben Sie immer schon im Voraus zu wissen, dass Sie eine Aufgabe nicht schaffen? Sind Sie von Ihrer Unfähigkeit geradezu überzeugt? Dann kann Larch Ihnen helfen, Ihr Selbstwertgefühl aufzubauen. Larch-betonte Menschen haben echte Minderwertigkeitsgefühle, leiden ein Leben lang darunter, dass sie nicht studieren durften oder einen bestimmten Beruf nicht erlernen konnten. Die ablehnende Haltung ihren eigenen Fähigkeiten gegenüber dominiert ihr Handeln. »Ich kann nicht« ist tief eingeprägt – da hilft es, die Bach-Blüte Larch zu nehmen und Sätze zu üben wie »Ich kann es. Ich will es und ich tue es auch«.
Das können Sie mit Larch erreichen: ein gesundes Selbstwertgefühl, mehr Selbstvertrauen.

Sorge, übertriebene

Sorge um andere: Red Chestnut – Rote Kastanie

Red Chestnut lockert alle übertrieben engen Bindungen.

Die Bach-Blüte Red Chestnut kommt infrage, wenn Sie immer zuerst an andere Menschen denken – an Ihren Partner, Ihre Kinder, Ihre Eltern, Ihre Geschwister, Ihre Kollegen. Sie machen sich ständig Sorgen um deren Gesundheit und Wohlergehen und vernachlässigen sich und Ihre Seele, weil alle anderen für Sie wichtiger sind. Vielleicht meinen Sie, dass es Ihrer Seele besser geht, wenn Sie sich um andere Menschen kümmern, und finden, das sei auch viel »sozialer«. Stimmt, aber hier ist die Rede von einer übertriebenen Fürsorge, die ungesund ist. Wenn Sie sich ständig Gedanken um andere Menschen machen, ist das ein Zeichen dafür, dass Sie wenig Vertrauen in das Leben haben. Wer ständig in Angst und Sorge lebt, ist nicht geerdet, weil er seine Mitte nicht gefunden oder sie verloren hat. Dadurch kann der Betroffene unruhig werden und andere durch seine übersteigerte Sorge mit nervös machen. Weil die innere Stimme nicht gehört wird, können falsche Entscheidungen gefällt werden, was Probleme – auch gesundheitliche – nach sich zieht. Red-Chestnut-

betonte Menschen leiden häufig an einer Erkrankung der Bauchspeicheldrüse, die in der chinesischen Medizin dem Element Erde zugeordnet ist. Ist dieses Organ angegriffen, können die Verdauung und die Blutzuckerregulierung darunter leiden. Eine Folge davon: Verdauungsstörungen.
Das können Sie mit Red Chestnut erreichen: dem Leben stärker vertrauen, das Schicksal – auch für andere – akzeptieren lernen.

Stimmungsschwankungen

Extreme Stimmungsschwankungen: Scleranthus – Einjähriger Knäuel

Leiden sie unter extremen Stimmungsschwankungen? Kennen Sie nur die Extreme, mal himmelhochjauchzend und dann zu Tode betrübt? Sind Sie sehr leicht durch Stimmungsveränderungen in Ihrer Umgebung zu beeinflussen? Dann fällt es Ihnen möglicherweise auch schwer, Entscheidungen (siehe Seite 162) zu fällen und Ihre innere Unruhe (siehe Seite 177) in den Griff zu bekommen. Trifft das Geschilderte auf Sie zu, dann befinden Sie sich momentan in einem negativen Scleranthus-Zustand. Menschen in dieser Verfassung wirken auf ihre Mitmenschen unruhig, unkonzentriert und fahrig, bisweilen auch unzuverlässig.
Das können Sie mit Scleranthus erreichen: mehr Konzentration und Entschlossenheit. Siehe auch depressive Verstimmungen: Mustard – Wilder Senf (Seite 159).

Träume

Alpträume: Rock Rose – Gelbes Sonnenröschen

Wenn Alpträume Sie so plagen, dass Sie nachts schreiend aufwachen, Sie innerlich ständig in Panik sind, hilft Rock Rose (siehe Seite 158).
Das können Sie mit Rock Rose erreichen: Beruhigung.

Träume, die von nicht verarbeiteten Schockerlebnissen handeln: Star of Bethlehem – Doldiger Milchstern

Träumen Sie immer noch von Ihrem Unfall, Ihrer Operation oder einem anderen schlimmen Ereignis, obwohl es schon Jahre zurückliegt? Dann hilft Star of Bethlehem, der »Seelentröster« (siehe Seite 173).
Das können Sie mit Star of Bethlehem erreichen: Schnellere Überwindung und Verarbeitung von Schockerlebnissen.

Trauer/Traurigkeit

Trauer um etwas Bestimmtes: Gentian – Herbstenzian

Wenn die Traurigkeit einen Grund hat, etwa weil Sie eine Trennung von jemandem oder den Tod einer geliebten Person verkraften müssen, dann ist es wichtig, der Trauer Raum zu geben, damit die Seele wieder gesund werden kann. Hält die Trauer ungewöhnlich lange an, kann es hilfreich sein, sich in dieser Lebensphase mit Gentian zu unterstützen. Menschen, die Gentian brauchen, sind von Natur aus eher Pessimisten, Zweifler und schwer zu überzeugen. Selbst wenn sie spüren, dass eine Therapie ihnen hilft, stellen sie im tiefen Innern die Wirkung doch infrage. Enttäuschungen verunsichern sie so sehr, dass sie nur schwer wieder Mut schöpfen können (siehe auch Seite 169).
Das können Sie mit Gentian erreichen: neue Hoffnung, Sie sehen wieder Licht im Dunkel.

Grundlose Traurigkeit: Mustard – Wilder Senf

Haben Sie das Gefühl, Ihre Seele trägt Trauer, obwohl es dafür keinen offensichtlichen Grund gibt? Dann brauchen Sie die Bach-Blüte Mustard. Scheinbar grundlose Traurigkeit, die sich wie eine Glocke über einen stülpt und von der Außenwelt abschneidet, tritt oft bei Menschen mit einem Hang zur Melancholie auf. Wenn Sie zu diesen Menschen gehören, dann ist es wichtig, dass Sie sich immer wieder ganz bewusst die sonnigen Seiten des Lebens vor Augen führen und sich nicht in Ihrem Trauergefühl einigeln.
Das können Sie mit Mustard erreichen: Heiterkeit und Klarheit.

Unruhe, Rastlosigkeit

Unruhe und Ungeduld: Impatiens – Drüsentragendes Springkraut

Sind Sie ständig gereizt, weil andere Menschen nicht schnell genug das tun, was Sie von ihnen erwarten? Machen Sie Ihre Arbeit lieber selbst, weil Ihre Angestellten zu lange

Ungeduldigen Menschen schenkt Impatiens größere innere Ruhe und Nachsicht.

brauchen, bis sie verstanden haben, um was es geht? Bekommen Sie schnell einen Wutanfall, wenn andere nicht »spuren«? Dann befinden Sie sich in einem negativen Impatiens-Zustand. Der Name der Pflanze Impatiens bedeutet so viel wie »Ungeduld«, was sich in einer ihrer Eigenarten widerspiegelt: Sie trägt Blüten, Früchte und Samen zur gleichen Zeit. Berührt man die Früchte, schleudert das Springkraut seine Samen mit einem Knall weit von sich. Damit zeigt es eindrucksvoll, wie man sich den Spannungszustand und den inneren Druck eines Impatiens-geprägten Menschen vorstellen muss. Wenn Sie sich zu diesen Menschen zählen, dann sollten Sie anfangen zu begreifen, dass Sie mit Geduld weiter kommen als mit Ihrer Gereiztheit, Ungeduld und Unruhe, die sich auf andere überträgt. Auch ist die Erkenntnis wichtig, dass Menschen, die nicht so schnell reagieren wie Sie, genauso wichtig und wertvoll sind. Die Unruhe von Impatiens kann körperlich zu nervösen Magen-Darm-Störungen, zu Hautausschlägen und zu Heißhungeranfällen führen. Wenn Kinder oder Erwachsene hyperkinetisch veranlagt, also wahre »Zappelphilippe« sind, dann kann Impatiens gegeben werden.
Das können Sie mit Impatiens erreichen: mehr Geduld, Verständnis, Gelassenheit und innere Ruhe.

Ruhelos und sprunghaft: Scleranthus – Einjähriger Knäuel

Wenn Sie das Empfinden haben, dass Sie von einer inneren Unruhe getrieben werden, weil Sie von den vielen Möglichkeiten des Lebens wie in einem Strudel mitgerissen werden, dann kommt für Sie die Bach-Blüte Scleranthus infrage. Menschen, die diese Bach-Blüte benötigen, fühlen sich immer hin- und hergerissen und wirken auf ihre Mitmenschen sprunghaft und unzuverlässig. Dahinter steckt eine große innere Unausgeglichenheit, was zu Unruhe, Entscheidungsschwierigkeiten (siehe Seite 162), Stimmungsschwankungen (siehe Seite 176) und Unsicherheit (siehe Seite 179) führen kann.
Das können Sie mit Scleranthus erreichen: innere Ruhe, Konzentration.

Das Denken nicht abschalten können: White Chestnut – Ross- oder Weiße Kastanie

Haben Sie das Gefühl, in Ihrem Kopf kreisen ständig Gedanken und Bilder, sodass Sie nicht abschalten können? Kommen Sie sich vor wie ein Hamster im Laufrad, weil Sie immer wieder dieselben Gedanken umwäl-

Wenn die Gedanken nicht zur Ruhe kommen und unentwegt kreisen, verhilft White Chestnut zu mehr geistiger Klarheit.

zen? Führen Sie ständig innere Selbstgespräche, um Ihren Gedankenfluss zu ordnen? Dann befinden Sie sich in einem negativen White-Chestnut-Zustand. Die Folgen dieses Zustands sind Unruhe, Konzentrationsstörungen, Schlafstörungen und Kopfschmerzen. Wenn Sie White Chestnut brauchen, dann ist ein erster wichtiger Schritt, dass Sie auch Ihr äußeres Leben ordnen. Dabei beginnen Sie am besten mit kleinen Dingen, etwa damit, Ihren Schreibtisch aufzuräumen. Denn: Chaos im Außen verstärkt das innere Gedankenchaos.

Das können Sie mit White Chestnut erreichen: geistige Ruhe und klare Gedanken.

Verunsicherung, Unsicherheit

Unsicher sein aus Mangel an Vertrauen in die eigene Meinung: Cerato – Bleiwurz oder Hornkraut

Sind Sie immer unsicher, ob Ihre Meinung die richtige ist? Haben Sie wenig Vertrauen in Ihre Ansichten? Fragen Sie immer andere um Rat? Können Sie sich nie durchsetzen? Ändern Sie oft Ihre Einstellung? Lassen Sie sich von Autoritäten beeindrucken? Dann sind Sie ein Cerato-betonter Mensch. Jeder Mensch macht in seinem Leben Cerato-Phasen durch.

Wenn Sie jedoch immer unsicher in Ihrer Meinungsbildung sind, dann hören Sie zu wenig auf Ihre eigene Intuition. Aus diesem Grund machen Sie sich dann abhängig von der Meinung anderer. Sie sollten beginnen, darauf zu vertrauen, dass Sie in Ihrem Innersten selbst am besten wissen, was Ihnen gut tut. Menschen mit Cerato-Betonung fällt es besonders schwer, auf die Stimme ihrer Seele zu hören. Sie sammeln lieber Informationen, um zu einer Antwort zu kommen, die Sie eigentlich selbst schon kennen. Lernen Sie, sich eine eigene Meinung zu einer Angelegenheit zu bilden, und vertrauen Sie auf Ihre innere Stimme. Zusätzlich können Sie sich dabei von Cerato unterstützen lassen.
Das können Sie mit Cerato erreichen: wesentlich mehr Vertrauen in die eigene Intuition.

Unsicher durch Beeinflussbarkeit: Walnut – Walnuss

Lassen Sie sich schnell verunsichern? Sind Sie leicht beeinflussbar und unentschlossen? Dann befinden Sie sich in einer Walnut-Phase. Möglicherweise findet in Ihrem Leben gerade ein großer Umbruch statt. Siehe auch »Entscheidungsschwierigkeiten« (Seite 162).
Das können Sie mit Walnut erreichen: Stärke und mehr Sicherheit.

Verzweiflung

Sweet Chestnut – Ess- oder Edelkastanie

Der negative Sweet-Chestnut-Zustand zeichnet sich durch tiefste Verzweiflung aus und ist sehr ernst zu nehmen. In den meisten Fällen reicht die Einnahme von Sweet Chestnut allein nicht aus, es ist professionelle Hilfe erforderlich. Menschen in dieser Gemütsverfassung erleben eine starke innere Ausweglosigkeit und sind davon überzeugt, dass für sie keine Hilfe und Hoffnung mehr möglich ist. Sie glauben, dass die Grenze dessen erreicht ist, was ein Mensch ertragen kann, und fühlen sich völlig verloren. Was ihnen fehlt, ist ein gesundes Gottvertrauen oder einfach ein Vertrauen in das Leben, was sie vor so einer tiefen Verzweiflung bewahren würde. Es gibt aber auch Lebensphasen, in denen man kurzfristig in einen »leichten« Sweet-Chestnut-Zustand gerät – meist sind es Grenzsituationen und schwere Schicksalsschläge.
Das können Sie mit Sweet Chestnut erreichen: sich wie neu geboren fühlen, Ihren Glauben an das Leben wiederfinden.

Wer mit seinem Schicksal hadert und viel Groll in sich trägt, gewinnt dank Willow Optimismus und Selbstverantwortung zurück.

Verzweifelt und verbittert sein: Willow – Gelbe Weide

Hadern Sie mit Ihrem Schicksal? Fühlen Sie sich als Opfer der Umstände? Sind Sie verzweifelt, weil Sie glauben, vom Leben ungerecht behandelt zu werden? Machen Sie andere für Ihre Missgeschicke und Krankheiten verantwortlich? Willow ist die Bach-Blütenessenz, die Ihnen helfen kann, wieder konstruktiver zu denken und das Leben nicht nur verbittert zu betrachten. Solange Sie sich als Opfer der Lebensumstände betrachten, sind Sie nicht in der Lage, Ihr Leben selbst in die Hand zu nehmen und das Beste daraus zu machen. Je eher Sie erkennen, dass Verzweiflung und Verbitterung eine Sackgasse sind, umso schneller sind Sie wieder im Fluss des Lebens. Das erfordert Veränderung im Denken – Willow hilft Ihnen dabei.
Das können Sie mit Willow erreichen: Sie können erkennen, dass Sie für Ihr Schicksal selbst verantwortlich sind. Ihre Gedanken werden wieder konstruktiver.

Willensschwäche

Centaury – Tausendgüldenkraut

Können Sie niemandem eine Bitte abschlagen? Sagen andere, Sie seien zu gutmütig? Die Willenschwäche bei Centaury-geprägten Menschen ist Ausdruck eines Mangels an Selbstverwirklichung. Diese Menschen können nie Nein sagen, lassen sich leicht zu etwas überreden und erscheinen anderen Menschen willensschwach. Sie sind nicht in der Lage, ihr Leben selbst zu bestimmen. Darin aber genau besteht die Lernaufgabe für Centaury-betonte Menschen. Wer nur kritiklos die Erwartungen anderer erfüllt, tut sich und seiner Umgebung damit keinen Gefallen.
Wenn Sie ein Kind haben, das fügsam, pflegeleicht und gefällig ist, braucht es mehr Unterstützung und profitiert ebenfalls von Centaury bei seiner eigenen Selbstverwirklichung.
Das können Sie mit Centaury erreichen: Sich besser abgrenzen, lernen Nein zu sagen. Die eigenen Bedürfnisse erkennen und ihnen folgen.

Symptom	Typische Anzeichen	Heilpflanzen und Aromatherapie
Ängste, diffuse oder konkrete; in engen Räumen	Innere Unruhe; Angst vor bestimmten Situationen	Johanniskraut, S. 73; Zimt, S. 74
Ärger; unterdrückter Ärger	Erhöhte Reizbarkeit; Ärger herunterschlucken	
Angst, panische; nach Schock; bei Überforderung; vor Kontrollverlust	Starr vor Schreck sein; Folge eines Unfalls; Alltag ist zu viel	
Angst um andere	Sich sorgen	
Antriebslosigkeit	Kein Schwung, in den Tag zu starten	Rosmarin, S. 74; Zirbelkiefer, S. 75
Depressive Verstimmungen	Plötzliche Stimmungstiefs; nicht belastbar sein; Leben verläuft schleppend	Johanniskraut, S. 73; Bergamotte, S. 75; Neroli, Rose, S. 76; Ylang-Ylang, S. 77
Eifersucht, Neid, Rachsucht	Schnell neidisch und misstrauisch werden	
Einsamkeit	Sehr mit sich beschäftigt sein; Überlegenheitsgefühl	
Ekel, Selbstablehnung	Übertriebener Ordnungs- und Reinigungssinn	
Entscheidungsschwierigkeiten	Keine klare Linie; unkonzentriert sein	
Enttäuschung	Niedergeschlagenheit, ausgelöst durch ein frustrierendes Ereignis	
Erektionsstörungen	Alle Arten von Potenzstörungen	
Erschöpfung	Blässe; Antriebslosigkeit; Müdigkeit; Stress	Gelber Enzian, S. 78; Hafer, S. 79
Essstörungen	Gestörtes Essverhalten	Tausendgüldenkraut, S. 80

Homöopathie	Schüßler-Salz	Bach-Blüten
Arsenicum album, Calcium carbonicum, S. 98; Phosphor, Lycopodium, S. 99	Nr. 2, S. 128	Aspen, Mimulus, S. 157
Chamomilla, Nux vomica, S. 102; Staphisagria, S. 102/103; Lycopodium	Nr. 6, S. 130	
	Nr. 9, S. 130	Rock Rose, Rescue Remedy, S. 158; Cherry Plum, S. 159
	Nr. 4, S. 141	Red Chestnut, S. 159
	Nr. 6, S. 130; Nr. 5, S. 131; Nr. 10, S. 132; Nr. 16, S. 133	Mustard, S. 159
Ignatia, S. 103; Lachesis, S. 104; Nux vomica, S. 102/104; Pulsatilla, S. 104		Holly, S. 160
		Heather, S. 160; Water Violet, S. 161
		Crab Apple, S. 161
		Scleranthus, Wild Oat, S. 162; Walnut, S. 163
Ignatia, S. 103/105; Natrium chloratum, S. 105		
Argentum nitricum, S. 106; Arsenicum album, Barium carbonicum, Calcium carbonicum, Conium, S. 107		
	Nr. 3, S. 134; Nr. 7, Nr. 17, Nr. 5, S. 135	Hornbeam, S. 163; Oak, Olive, S. 164
Arsenicum album, S. 109; Ignatia, Natrium chloratum, S. 110		

Symptom	Typische Anzeichen	Heilpflanzen und Aromatherapie
Hoffnungslosigkeit	Das Schlimmste denken	
Interesselosigkeit	In der Vergangenheit leben; keine Lust am Lernen; Tagträumen	
Konflikte vermeiden	Harmoniesucht	
Konzentrationsstörungen	Sich nie länger mit einer Sache beschäftigen	Ginkgo, S. 80; Lemongrass, Wilde Möhre, S. 81
Kummer	Depressivität nach akutem oder chronischem Kummer	
Lampenfieber	Angst vor öffentlichen Auftritten; Zittern; Schwitzen	
Lebensfreude, Mangel an	Nur Probleme sehen	
Libidostörungen	Wenig oder kein sexuelles Interesse	Ylang-Ylang, S. 77; Jasmin, S. 82; Muskatellersalbei, Sandelholz, S. 83
Melancholie	Unerklärliche Trauer	Storchschnabel, S. 84
Menschenscheu	Angst vor der Begegnung mit anderen Menschen; sozialer Rückzug	
Nervenschwäche	Schnelle Gereiztheit, wenig belastbar	Lavendel, Vetiver, Zypresse, S. 85
Panikattacken	Siehe Angst	
Perfektionismus, überkritisch sein	Überall Fehler sehen; hohe Erwartungen	
Prüfungsstress	Angst vor Prüfung oder Vorstellungsgesprächen	
Realitätsflucht	Tagträume; Harmoniesucht	
Schlafstörungen	Einschlafprobleme; Tagesmüdigkeit	Baldrian, Hopfen, Passionsblume, S. 86

Homöopathie	Schüßler-Salz	Bach-Blüten
		Gentian, Gorse, S. 165
		Honeysuckle, S. 166; Chestnut Bud, Clematis, S. 167
	Nr. 11, S. 136	Agrimony, S. 168
	Nr. 3, S. 137; Nr. 7, S. 138	White Chestnut, S. 178
Ignatia S. 103/110; Natrium chloratum, S. 105/111		
Argentum nitricum, S. 101/112; Gelsemium, Lycopodium, S. 112; Natrium chloratum, S. 105/113;		
		Wild Rose, S. 168
		Mustard, S. 177
Lycopodium, S. 99/114; Natrium carbonicum, S. 114		
	Nr. 5, S. 143	
	Nr. 2, S. 138; Nr. 5, S. 138	Rock Rose, S. 158
		Beech, Chicory, S. 170; Rock Water, Vervain, S. 171; Vine, S. 172
		Blütenmischung, S. 172
		Agrimony, S. 168/172; Clematis, S. 167/172
Avena sativa, Coffea, S. 115; Ignatia, S. 103/115; Nux vomica, S. 102/115	Nr. 5, Nr. 2, Nr. 7, Nr. 21, S. 139	

Symptom	Typische Anzeichen	Heilpflanzen und Aromatherapie
Schockfolgen	Ängste, Schreckhaftigkeit nach Unfall	Storchschnabel, S. 87
Schüchternheit; Verlegenheit, übermäßige	Schnell rot werden, sich nichts trauen	
Schuldgefühle	Sich viel entschuldigen	
Selbstvertrauen, Mangel an	Viel nachfragen	Meisterwurz, S. 87
Sinnkrise	Das Gefühl haben, nichts stimmt mehr	
Sorge, übertriebene	Sehr bemutternd sein	
Stimmungsschwankungen	Entscheidungsschwierigkeiten, innere Unruhe	
Träume, Alpträume	Alpträume von Schockerlebnissen; Herzrasen	
Traurigkeit	Oft weinerlich sein	Mandarinenöl, S. 88
Überforderung	Sich nicht viel merken können; schnell erschöpft sein	Hafer, S. 79/88
Unruhe	Nicht lange still sitzen können; Gedankenkreisen	Baldrian, S. 86/88; Zitronenmelisse, S. 89; Passionsblume, S. 86/89
Ungeduld	Nie warten können; schnell aggressiv und fordernd werden	
Unsicherheit	Sich vor allem unter vielen Menschen unsicher fühlen	
Verunsicherung	Der eigenen Meinung nicht trauen	
Verzweiflung	Gefühl der Ausweglosigkeit; dem Schicksal grollen	Myrte, S. 89
Wechseljahrsbeschwerden	Hitzewallungen, Stimmungsschwankungen	
Willensschwäche	Sich nicht durchsetzen	
Wutanfälle	Plötzliche Wutausbrüche	
Zwangsvorstellungen, Zwänge	Waschzwang; Kontrollzwang; Putzzwang	

Homöopathie	Schüßler-Salz	Bach-Blüten
Aconitum, Arnica, S. 116		Star of Bethlehem, Rescue Remedy, S. 173
Barium carbonicum, S. 117; Lycopodium, S. 99/117	Nr. 7, S. 135	Mimulus, S. 174
		Pine, S. 174
		Larch, S. 175
Arsenicum album, Aurum metallicum, S. 118; Lachesis, S. 119		
		Red Chestnut, S. 175
Ignatia, S. 103/119; Lycopodium, S. 99/119		Scleranthus, S. 176
		Rock Rose, S. 158/176; Star of Bethlehem, S. 173
	Nr. 8, S. 142	Gentian, Mustard, S. 177
	Nr. 1, Nr. 3, Nr. 5, S. 143; Nr. 12, S. 144	
	Nr. 2, Nr. 3, S. 144; Nr. 7, Nr. 14, Nr. 15, Nr. 21, S. 145	
	Nr. 3, S. 146	Impatiens, S. 177; Scleranthus, White Chestnut, S. 178
	Nr. 1, S. 146	Cerato, S. 179
		Cerato, S. 179; Walnut, S. 180
		Sweet Chestnut, S. 180; Willow, S. 181
Lachesis, Pulsatilla, S. 104/120; Sepia, S. 121	Nr. 8, S. 141	
	Nr. 3, S. 146	Centaury, S. 181
	Nr. 3, Nr. 10, S. 146	
Arsenicum album, S. 98/121		

Sachregister

Abkochungen 66
Aconitum (Eisenhut) 101, 116
Agrimony (Odermennig) 168, 172
Ähnlichkeitsprinzip 91
Allium cepa (Küchenzwiebel) 93
Alpträume 176
Angst
- um andere Menschen 159
- vor konkreten Dingen und Situationen 99
- vor Kontrollverlust 159
- panische 158
Ängste 73, 128, 157
- diffuse 98
- konkrete 157
- soziale 114
- unspezifische 157
Antriebslosigkeit 74
Apis mellifica (Honigbiene) 92
Argentum nitricum (Silbernitrat, Höllenstein) 101, 106, 112
Ärger 101 ff., 130
Arnica (Bergwohlverleih) 116
Aromatherapie 70 ff.
Arsenicum album (Arsen) 98, 99, 107, 109, 118, 121
Asanas 44
Aspen (Espe oder Zitterpappel) 157
Atemtechnik 45, 46
Aufmerksamkeitsdefizitsyndrom (ADS) 82, 137
Aurum metallicum (Gold) 118
Ausatmungsphase 47
Ausdauer 81
Avena sativa (Hafer) 115
Ayurveda 58

Bach, Dr. Edward 147
Bach-Blüten 147 ff., 151 f.
- Herstellung und Wirkung 149
Bach-Blütentherapie 147
- Entwicklung der 148
Baldrian 86, 88
Barium carbonicum (Bariumkarbonat) 107, 117
Beech (Buche) 170
Bergamotte 75
Blütenessenzen 147
Blütenmischung bei Prüfungsstress 172

Calcium carbonicum (Austernschalenkalk) 98, 100, 107
Calcium fluoratum (Kalziumfluorid) 140, 143, 146
Calcium phosporicum (Kalziumphosphat) 128, 138, 139, 144
Centaury (Tausendgüldenkraut) 181
Cerato (Bleiwurz oder Hornkraut) 179
Chamomilla (Kamille) 102
Chestnut Bud (Knospe der Ross- oder Weißen Kastanie) 167
Chicory (Wegwarte) 170
Clematis (Weiße Waldrebe) 167, 172
Coffea (Kaffee) 93, 115
Conium (Gefleckter Schierling) 107
Crab Apple (Holzapfel) 161

Das Boot (Yoga-Übung) 55
Depression 37, 41
Der Baum (Yoga-Übung) 52
Der Berg (Yoga-Übung) 48
Der Embryo (Yoga-Übung) 53
Der Engel (Yoga-Übung) 54
Der Schmetterling (Yoga-Übung) 57
Die Seitenbrücke (Yoga-Übung) 56

Eifersucht 103, 160
Einnahme und Dosierung,
- Bach-Blüten 154 f.
- Homöopathie 96
- Schüßler-Salze 126
Einsamkeit 160 f.
Ekel 161
Elm (Ulme) 169
Entscheidungsschwierigkeiten 162 f.
Entspannung 85
Enttäuschung 105
Enzian, Gelber 78
Erektionsstörungen 106
Erschöpfung 73, 134, 163
- nervöse 85
Erschöpfungszustände 78
Erstreaktion, homöopathische 97
Erwartungsangst 111
Essstörungen 80, 109

Ferrum phosphoricum (Eisenphosphat) 134, 137, 143, 146
Funktionsmittel, biochemische 122, 127
Furcht
- in engen Räumen 101
- vor der Dunkelheit 100
- vor konkreten Dingen und Situationen 99

Geborgenheit 53, 74
Gedankenkreisen 81
Gelsemium (Gelber Jasmin) 112
Gentian (Herbstenzian) 165, 177

Gesamtpflanzenauszüge 68
Giftpflanzen 66
Ginkgo 80
Globuli 69, 96
Gorse (Stechginster)

Hafer 79, 88
Hahnemann, Samuel 16, 90
Hatha-Yoga 43
Heather (Schottisches Heidekraut) 160
Heilpflanzen 66 ff.
Heilungshindernisse 95
Hoffnungslosigkeit 165
Holly (Stechpalme) 160
Homöopathie 16, 90 ff.
Hopfen 86
Hornbeam (Weiß- oder Hainbuche) 163

Ignatia (Ignatiusbohne) 103, 105, 110, 111, 115, 119
Impatiens (Drüsentragendes Springkraut) 177
Interesselosigkeit 166

Jasmin 82
Johanniskraut 73, 76

Kalium arsenicosum (Kaliumarsenit) 140
Kalium bromatum (Kaliumbromid) 145
Kalium chloratum (Kaliumchlorid) 141
Kalium jodatum (Kaliumjodid) 145
Kalium phosphoricum (Kaliumphosphat) 129, 131, 135, 138, 139, 143
Kalium sulfuricum (Kaliumsulfat) 130, 132
Klaustrophobie 100
Kobrahaltung 50
Konfliktvermeidung 136, 168
Konstitutionsbehandlung 97
Konzentrationsstörungen 80, 137
Kräutertee 68
Kummer 110

Lachesis (Gift der Buschmeisterschlange) 104, 119, 120
Lampenfieber 111
Larch (Lärche) 175
Lavendel 85
Lebensfreude, Mangel an 168
Lebenskraft 16, 25
Lebenslust 56
Lebensträume 30
Leinöl 60
Lemongrass 81
Libidostörungen 82
Lithium chloratum (Lithiumchlorid) 133
Loslassen 59
Lotussitz 47, 59
Löwenzahn 77
Lycopodium (Bärlappsporen) 99, 103, 108, 112, 114, 117, 119

Magen-Darm-Beschwerden 89
Magersucht 80
Magnesium phosphoricum (Magnesiumphosphat) 135, 138, 139, 145
Manganum sulfuricum (Mangansulfat) 135
Meditation 45, 58 f.
Meisterwurz 87
Melancholie 84
Melisse 89
Menschenscheu 114
Migräne 41
Mimulus (Gefleckte Gauklerblume) 157, 174
Mineralstoffe 122
Möhre, Wilde 81
Moschus 83
Muskatellersalbei 83
Mustard (Wilder Senf) 159, 177
Mutlosigkeit 169
Myrte 89

Natrium carbonicum (Natriumkarbonat) 114
Natrium chloratum (Natriumchlorid) 141, 142
Natrium chloratum, Natrium muriaticum (Kochsalz) 105, 108, 110, 114
Natrium phosphoricum (Natriumphosphat) 130
Natrium sulfuricum (Natriumsulfat) 132, 146
Neroli 76
Nervenschwäche 85
Nervenzusammenbruch 37
Notfalltropfen 153, 173
Nux vomica (Brechnuss) 102, 104, 109, 110, 111, 115

Oak (Eiche) 164
Öle, ätherische 67, 70 f.
Olive (Olive) 164

Panikattacken 129
Passionsblume 86, 89
Perfektionismus 170 ff.
Pflanzenheilkunde 66
Pflanzeninhaltsstoffe 67 f., 70
Phosphorus (Phosphor) 99, 100, 101, 109, 113
Pine (Schottische Kiefer) 174
Platinum (Platin) 119
Potenzierung 91, 95, 124
Pranayama 45

Prüfungsstress 172
Pubertät 79
Pulsatilla (Küchenschelle) 104, 113, 117, 119, 120

Qi Gong 44, 63

Rastlosigkeit 177
Realitätsflucht 172
Red Chestnut (Rote Kastanie) 159, 175
Regelpotenz 124
Rescue Remedy 153, 158, 173
Rock Rose (Gelbes Sonnenröschen) 158, 176
Rock Water (Wasser aus heilkräftigen Quellen) 171
Rose 76
Rosmarin 74

Salutogenese 13
Sandelholz 83
Schlafstörungen 86, 115, 139
Schock 116, 158
Schreck 116
Schüchternheit 174
-, übermäßige 117
Schuldgefühle 174
Schüßler, Dr. med. Wilhelm Heinrich 122
Schüßler-Salze 122 ff.
Schwächegefühl 140
Scleranthus (Einjähriger Knäuel) 162, 176, 178
Seele 10 ff.
Seeleninventur 28
Sehstörungen 81
Selbstablehnung 161
Selbstbewusstsein, mangelndes 87
Selbstheilung 148
Selbstvertrauen, Mangel an 175
Selbstwertgefühl, Mangel an 99
Sepia (Tinte des Tintenfischs) 94, 121
Silicea (Kieselerde) 113, 117
Sinnkrise 117
Sonnengruß (Yoga-Übung) 48
Sorgen 141
Staphisagria (Stephanskraut) 102, 103, 106
Star of Bethlehem (Doldiger Milchstern) 173, 176
Stimmungstief 75
Stolz 161
Storchschnabel 84, 86
Sweet Chestnut (Ess- oder Edelkastanie) 180
Symptome und Beschwerden
- Bach-Blüten 157
- Homöopathie 98
- Schüßler-Salze 128

Tabacum (Tabak) 93
Tai Chi 44, 63
Tausendgüldenkraut 80
Tee 66
Tinkturen 66
Trauer 120, 177
Traurigkeit 88, 142, 177

Überforderung 130, 138, 143
Ungeduld 177
Unruhe 73, 177
Unsicherheit 146, 179
Urtica urens (Brennnessel) 93
Urtinkturen 69

Veränderung 34
Verbitterung 181
Verlegenheit 174
Verletzung, seelische 73
Verlustangst 87
Verstimmungen, depressive 75, 131, 159
Verunsicherung 179
Vervain (Eisenkraut) 171
Verzweiflung 180
Vetiver 85
Vine (Weinrebe) 172
Vishnu Mudra 47

Walnut (Walnuss) 163, 180
Water Violet (Sumpfwasserfeder) 161
Wechselatmung 46 f.
Wechseljahre 79
Wechseljahrsbeschwerden 120
Weißdorn 79
Wellness-Massage 58
White Chestnut (Ross- oder Weiße Kastanie) 178
Wild Oat (Waldtrespe) 162
Wild Rose (Heckenrose) 168
Willensschwäche 146, 181
Willow (Gelbe Weide) 181

Ylang-Ylang 77, 84
Yoga 43 ff.
Yoga-Atmung 46
Yoga-Kurs 43
Yoga-Lehrer 43
Yoga-Übungen 43, 44 ff.

Zimt 74
Zincum chloratum (Zinkchlorid) 139, 145
Zirbelkiefer 75
Zitronengras 81
Zitronenmelisse 89
Zorn 103
Zwang 121
Zwangsvorstellungen 121
Zwerchfell 46
Zypresse 85

Bücher, die weiterhelfen

Bach, Edward: **Die nachgelassenen Originalschriften.** Hugendubel Verlag, München 1999

Bach, Edward/Scheffer, Mechthild: **Blumen, die durch die Seele heilen.** Ullstein 2004

Dietz, Karl-Martin: **Gesund denken und handeln. Zur geistigen Dimension der Salutogenese.** MENON, Heidelberg 2004

Dietz, Karl-Martin: **Individualität im Zeitenschicksal. Gefährdung und Chancen.** Verlag Freies Geistesleben, Stuttgart 1994

Fischer-Rizzi, Susanne: **Himmlische Düfte.** AT Verlag, Aarau, Schweiz 2002

Kalbermatten, Roger: **Wesen und Signatur der Heilpflanzen. Die Gestalt als Schlüssel zur Heilkraft,** AT Verlag, Aarau, Schweiz 2005

Kingston, Karen: **Feng Shui gegen das Gerümpel des Alltags.** Rowohlt Taschenbuch Verlag, Reinbek 2006

Kuby, Clemens: **Heilung. Das Wunder in uns.** Kösel Verlag, München 2005

Scheffer, Mechthild: **Die Original-Bach-Blütentherapie. Das gesamte theoretische und praktische Bach-Blütenwissen.** Hugendubel Verlag, München 2006

Wacker, Dr. Andreas und Socha, Martin: **Homöopathie für Männer. Effektive Hilfe bei typischen Beschwerden.** Südwest Verlag, München 2005

Wacker, Sabine: **Basenfasten plus – mit Schüßler-Salzen sanft entsäuern.** Haug Verlag, Stuttgart 2004

Wacker, Sabine: **In Balance mit Schüßler-Salzen.** Haug Verlag, Stuttgart 2006

Bücher aus dem Gräfe und Unzer Verlag

Schmidt, Sigrid: **Bach-Blüten für innere Harmonie**

Heepen, Günther, H.: **Schüßler-Salze**

Wiesenauer, Markus; Kerckhoff, Annette: **Homöopathie für die Seele**

Trökes, Anna: **Yoga, Kraft für die Seele**

Mannschatz, Marie: **Meditation. Mehr Klarheit und innere Ruhe**

Adressen, die weiterhelfen

Deutschland

Deutsche Homöopathie-Union (DHU)
Ottostraße 24
76227 Karlsruhe
www.dhu.de

Bund Klassischer Homöopathen Deutschlands (BKHD) e.V.
Schäftlarnstraße 162
81371 München
www.bkhd.de

(Informationen zu Schüßler-Salzen, auch mit entsprechenden Adressen in den Nachbarländern)
Biochemischer Bund Deutschlands e.V.
In der Kuhtrift 18
41541 Dormagen
www.biochemie-net.de

Österreich

Österreichische Gesellschaft für homöopathische Medizin
www.homoeopathie.at

Schweiz

Naturärzte-Vereinigung der Schweiz (NVS)
Postfach
CH-9101 Herisau
www.naturaerzte.ch

Schweizerische Ärztegesellschaft für Homöopathie
Buzibachstrasse 31 b
CH-6023 Rothenburg
www.sahp.ch

Impressum

Bildnachweis

AKG- Images: S. 122; Avenue Images: S. 100; Beat Ernst: S. 85, 86, 89, 181; Corbis: S.11, 15, 18, 26, 32, 68, 111, 131, 143; DHU: S. 128; Focus: S. 113; Getty: S. 6, 9, 23, 24, 71, 94, 120, 136, 149; Glowimages: S. 35; GU: Dahl, C.: S. 45, 47; Olonetzky, N.: S. 134, 139, Rickers, J.: S. 58, 144, ; Roch, T.: S. 141, Stiepel, K.: S. 153, Wagenhan, M.: S. 39; Hautkappe, C.: Cover, S. 2; Interfoto: S. 90, 147; Jump: S. 42, 96, 125, 154, 156; Lavendelfoto: S. 116, 158, 160, 163, 165, 169, 173, 175, 177, 179; Mauritius: S. 104, 171; Panther Media: S. 73, 78, 92, 166; Pure Stock: S.121; Stockbyte: S. 29, 40; Stockfood: S. 61, 65, 108; Superbild: S. 37; Wacker, S.: S. 77, 81

Illustrationen: Heidi Vignati, München

Wichtiger Hinweis

Die Methoden und Anregungen in diesem Buch wurden von den Autoren nach bestem Wissen erstellt und mit größtmöglicher Sorgfalt geprüft. Sie bieten jedoch keinen Ersatz für kompetenten persönlichen medizinischen Rat. Jede Leserin, jeder Leser ist für das eigene Tun selbst verantwortlich. Weder Autoren noch Verlag können für eventuelle Nachteile oder Schäden, die aus den im Buch gegebenen praktischen Hinweisen resultieren, eine Haftung übernehmen.

Programmleitung: Ulrich Ehrlenspiel
Redaktion: Ina Raki
Lektorat: Petra Bachmann
Bildredaktion: Henrike Schechter
Satz: Christopher Hammond
Umschlaggestaltung und Innenlayout: independent Medien-Design, Claudia Hautkappe
Herstellung: Gloria G. Pall
Lithos: Fotolito Longo, Bozen
Druck und Bindung: Printer, Trento

ISBN 978-3-8338-0215-7

1. Auflage 2007

Das Original mit Garantie

IHRE MEINUNG IST UNS WICHTIG. Deshalb möchten wir Ihre Kritik, gerne aber auch Ihr Lob erfahren, um als führender Ratgeberverlag für Sie noch besser zu werden. Darum: Schreiben Sie uns! Wir freuen uns auf Ihre Post und wünschen Ihnen viel Spaß mit Ihrem GU-Ratgeber.

UNSERE GARANTIE: Sollte ein GU-Ratgeber einmal einen Fehler enthalten, schicken Sie uns bitte das Buch mit einem kleinen Hinweis und der Quittung innerhalb von sechs Monaten nach dem Kauf zurück. Wir tauschen Ihnen den GU-Ratgeber gegen einen anderen zum gleichen oder ähnlichen Thema um.

GRÄFE UND UNZER VERLAG
Redaktion Körper & Seele
Postfach 86 03 25
81630 München
Fax: 089/41981-113
E-Mail: leserservice@graefe-und-unzer.de